Konfuzius | Das Buch von Maß und Mitte

[Was bedeutet das alles?]

Konfuzius

Das Buch von Maß und Mitte

Herausgegeben von Ferdinand und Uta Fellmann

Mit 41 Kalligraphien von Hong Yu

Reclam

4. Auflage

RECLAMS UNIVERSAL-BIBLIOTHEK Nr. 19248
2015 Philipp Reclam jun. GmbH & Co. KG,
Siemensstraße 32, 71254 Ditzingen
Gestaltung: Cornelia Feyll, Friedrich Forssman
Druck und Bindung: Esser printSolutions GmbH,
Untere Sonnenstraße 5, 84030 Ergolding
Printed in Germany 2024

ISBN 978-3-15-019248-1

www.reclam.de

Inhalt

Dies Bild des Konfuzius ist eine traditionelle Nachzeichnung eines Gemäldes des Malers Wu Daozi aus der Tang-Dynastie.

孔子

Kong zi: Konfuzius

Mein Meister, der Philosoph Chang*, spricht: Sich zu keiner Seite hinneigen, heißt Mitte, kein Schwanken zulassen, heißt Maß. Mitte bezeichnet den rechten Weg, den alle unter dem Himmel gehen sollen, Maß bezeichnet das für alle unter dem Himmel gültige Prinzip. Dieses Werk enthält das Gesetz des menschlichen Geistes, das die Schüler des Konfuzius überliefert haben, bis Dsi-si** aus Sorge, es könne im Laufe der Zeit entstellt werden, es aufgeschrieben und Mencius*** übergeben hat. Das Buch behandelt zunächst ein Prinzip, dann entfaltet es das Prinzip in jede Richtung, und schließlich ordnet es alles wieder unter dem einen Prinzip. Entrolle es, und es erfüllt das Universum, rolle es wieder ein, und es zieht sich zurück und liegt verborgen im Geheimnisvollen. Das Gefallen daran ist unerschöpflich, das Ganze aber ist ein hartes Lernen. Wenn der eifrige Leser es mit Freude erkundet und begriffen hat, mag er es sein ganzes Leben in die Praxis umsetzen, und er wird erfahren, dass es unerschöpflich ist.

* Dieser kurze Vorspann gibt Einblick in die Überlieferungsgeschichte, aus der hervorgeht, dass von den Kompilatoren am Text viele Veränderungen vorgenommen wurden. Verfasser des Vorspanns ist der Philosoph Zhu Xi (1130–1200), der unter der Song-Dynastie (960–1279) die erneute Konfuzianisierung Chinas betrieben hat. Er bezieht sich auf die Brüder Cheng, die zu den Begründern des Neo-Konfuzianismus zählen.

** Dsi-si wird hier als Verfasser genannt, seine Autorschaft ist aber umstritten.

*** Mencius (Mengzi) ist der bedeutendste Schüler des Konfuzius, der mit seiner optimistischen Auffassung der menschlichen Natur der buddhistischen Tradition nahesteht. Die Schriften von Mencius bilden das letzte der *Vier Bücher*, des Kompendiums der grundlegenden Texte des Neo-Konfuzianismus.

Das Buch von Maß und Mitte

Grundbegriffe

I 1 Was der Himmel dem Menschen mitgegeben hat, heißt Natur. Die Übereinstimmung mit der Natur heißt Weg. Was den Weg ausmacht, heißt Unterweisung.

2 Der Weg darf nicht einen Augenblick verlassen werden. Könnte er verlassen werden, so wäre es nicht der Weg. Darum ist der besonnene Mensch umsichtig, schon bevor er die Dinge sieht, und er ist auf der Hut, bevor er die Dinge hört.

3 Nichts ist offenbarer als das Geheime und nichts sichtbarer als das Verborgene; darum ist der besonnene Mensch aufmerksam gegenüber sich selbst, gerade dann, wenn er allein ist.

4 Solange Hoffnung und Zorn, Trauer und Freude sich noch nicht regen, befindet sich das Bewusstsein im Zustand der Ausgeglichenheit, der Mitte heißt. Sobald sich diese Regungen äußern und im rechten Verhältnis zueinander stehen, heißt der Zustand Harmonie. Die Mitte ist die große Wurzel aller menschlichen Dinge in der Welt; die Harmonie ist der zum Ziel führende Weg.

5 Wenn Mitte und Harmonie erreicht werden, kommen Himmel und Erde in ihre rechte Ordnung, und alle Dinge gedeihen.

II 1 Dschung Ni* sprach: Der edle Mensch hält sich an Maß und Mitte, der Gemeine widersetzt sich Maß und Mitte.

2 Der edle Mensch verkörpert Maß und Mitte und kann gar nicht anders, als jederzeit in der Mitte zu weilen. Der gemeine Mensch hingegen verlässt den Weg der Mitte, weil er aufgrund seiner Natur vor nichts zurückschreckt.

III Der Meister sprach: Vollkommene Tugend entspricht Maß und Mitte, aber selten sind die Menschen, die lange dabei verweilen können.

IV 1 Der Meister sprach: Warum der Weg der Mitte nicht begangen wird, das weiß ich: Die Neunmalklugen gehen darüber hinaus, und die Törichten erreichen ihn gar nicht. Warum der Weg nicht erkannt wird, das weiß ich: Die Alleskönner gehen darüber hinaus, und die Unfähigen erreichen ihn nicht.

* Gelehrtenname von Konfuzius. Während in den Anmerkungen und im Nachwort die offizielle Pinyin-Umschrift verwendet wird (in dieser schreibt sich der Name Zhong Ni), wird im Text die vom Übersetzer verwendete Lautschrift beibehalten (siehe S. 67).

2 Unter den Menschen gibt es keinen, der nicht isst und trinkt, aber selten sind die, die den Geschmack unterscheiden können.

V Der Meister sprach: Ach, dass der Weg nicht begangen wird!

Zi yue: Der Meister sprach

VI Der Meister sprach: Schun* war doch ein großer Weiser! Schun liebte es, andere zu fragen und dem Sinn einfacher Reden nachzugehen. Er überging das Schlechte der Menschen und kehrte ihr Gutes heraus. Er packte eine Sache an beiden Enden an, stellte die Mitte heraus und handelte gegenüber den Menschen stets maßvoll. Das ist es, warum er der Schun war!

VII Der Meister sprach: Die Menschen sagen alle: »Ich weiß Bescheid«. Aber wenn sie blindlings vorwärts stürzen und sich in Netzen, in Fallen und Gruben verfangen, weiß keiner, wie er sich befreien könnte. Die Menschen sagen alle: »Ich weiß Bescheid.« Aber wenn sie Maß und Mitte gewählt haben, können sie nicht einmal einen Monat lang daran festhalten.

VIII Der Meister sprach: Hui** war als Mensch so, dass er Maß und Mitte wählte; und wenn er etwas Gutes erlangt hatte, so hielt er es mit beiden Händen an seiner Brust fest und verlor es nie wieder.

* Schun gehört zu den sagenhaften Kulturheroen des frühen Altertums, auf die sich Konfuzius für sein Idealbild der Weisheit beruft.

** Hui: früh verstorbener Lieblingsjünger des Konfuzius.

IX Der Meister sprach: Es kann einer ein Reich mit allen Provinzen und Familien in Ordnung bringen, es kann einer auf Amt und Würden verzichten, es kann einer auf scharfe Klingen treten – und Maß und Mitte doch nicht erreichen.

Zhong yong: Maß und Mitte

Wahre Stärke

X 1 Dsï Lu* fragte, was Stärke sei.

2 Der Meister sprach: Meinst du des Südens Stärke oder des Nordens Stärke** oder aber deine eigene Stärke?

3 Weitherzig sein und mild in der Unterweisung anderer und immer Böses mit Gutem vergelten: das ist die Stärke des Südens. Und ein Edler hält sich daran.

4 In einer Rüstung schlafen und dem Tod ohne zu klagen ins Auge sehen: das ist die Stärke des Nordens. Und ein Starker hält sich daran.

5 Der Edle verbreitet Harmonie, und doch ist er nicht schwach: Wie mächtig ist er doch in seiner Stärke! Er steht

* Dsï Lu: ein Schüler aus dem Staate We, wo sich Konfuzius zeitweise aufgehalten hat.

** Süden und Norden stehen in der Vorstellung der Chinesen für gegensätzliche Kulturkreise. Der Norden wird mit den Mongolischen Völkern assoziiert, vor deren Einfällen sich die Staaten mit der Errichtung von Mauern schützten, deren bekannteste die Große Mauer nordöstlich von Peking ist. Der Süden, das Gebiet südlich des Gelben Flusses, steht für ein weites fruchtbares Land mit tropischem Klima, auf das sich die Sehnsucht mystisch veranlagter Chinesen gerichtet hat.

fest in der Mitte und beugt sich nach keiner Seite: Wie mächtig ist er doch in seiner Stärke! Wenn im Land alles gut läuft, bleibt er derselbe, der er war, als er noch keinen Erfolg hatte: Wie mächtig ist er doch in seiner Stärke! Wenn im Land alles schlecht läuft, so ändert er sich auch nicht, selbst wenn er sterben müsste: Wie mächtig ist er doch in seiner Stärke!

Jun zi: Der Edle

XI 1 Der Meister sprach: Geheime Künste ausüben und Wunder wirken*, damit die Nachwelt etwas zu erzählen hat: das mache ich nicht.

2 Der Edle sucht den rechten Weg. Auf halber Strecke aufgeben: das mache ich nicht.

3 Der Edle hält sich an Maß und Mitte. Im Verborgenen leben und von der Welt nicht anerkannt werden, ohne es zu bedauern: das kann nur der Heilige.

XII 1 Der Weg des Edlen führt in die Weite und ist doch geheimnisvoll.

2 Gewöhnliche Männer und Frauen mögen trotz ihrer Unwissenheit vom Weg eine Ahnung haben, aber er reicht in Weiten, die auch der Weise nicht kennt. Die schwachen Kräfte gewöhnlicher Männer und Frauen reichen aus, ihn zu gehen; aber er reicht in Weiten, die auch der Weise nicht erreichen kann. Bei aller Größe des Himmels und der Erde haben die Menschen doch noch manches auszusetzen.

* Hier wendet sich Konfuzius gegen taoistische Magier und Alchemisten, die zu seiner Zeit noch großen Einfluss auf die Regierenden hatten.

Darum: Wenn der Edle vom Weg in seiner ganzen Größe spricht, so gibt es in der Welt nichts, das an sie heranreichen könnte; wenn er von der Kleinheit spricht, so gibt es in der Welt nichts, das sie zerteilen könnte.

3 Im Buch der Lieder* heißt es**:

»Der Falke fliegt zum Himmel auf,
Die Fische tauchen tief zum Grund.«

Damit ist gemeint, dass der Weg in allen Höhen und Tiefen zu erforschen ist.

4 Der Weg des Edlen nimmt seinen Anfang bei den Angelegenheiten der gewöhnlichen Männer und Frauen, aber er reicht in Weiten, da er Himmel und Erde durchdringt.

* *Buch der Lieder* ist eines der ältesten Zeugnisse chinesischer Musik. Das zwischen 1000 und 600 v. Chr. verfasste Werk enthält Volksweisen, religiöse Weihegesänge und rituelle Staatshymnen, aber auch Minne-, Kriegs-, Fasten- und Klagelieder aller Art. Der Bezug auf historische Ereignisse gibt dem Buch eine sinnstiftende Dimension. Das Buch der Lieder gehört zu den fünf kanonischen Schriften des Konfuzianismus. Die übrigen vier sind: *Buch der Urkunden, Buch der Wandlungen, Aufzeichnungen über die Riten* sowie *Frühlings- und Herbstannalen*, eine Chronik des Staates Lu, aus dem Konfuzius stammt.

** III Da Ya I,5,3.

XIII 1 Der Meister sprach: Der Weg ist nicht fern vom Menschen. Wenn die Menschen einen Weg fern vom üblichen einschlagen, so kann man das nicht als den richtigen Weg betrachten.

2 Im Buch der Lieder heißt es*:

»Beilstiel hacken, Beilstiel hacken,
Ist das Muster doch nicht fern.«

Wenn man einen Beilstiel als Muster in der Hand hält, nach dem man den neuen Beilstiel zurechthacken kann, und selbst dann, wenn wir aufmerksam von einem zum anderen hinblicken, so betrachten wir sie immer noch als verschieden. Darum formt der Edle die Menschen nach der ihnen eigenen Natur, er verändert sie nicht, sondern bessert sie nur.

3 Wenn man die Prinzipien der menschlichen Natur, Wohlwollen und Gegenseitigkeit, befolgt, so wird man nicht weit vom rechten Weg abirren. Was du nicht willst, dass man dir tu, das füg auch keinem anderen zu.**

* I Guo Fong XV,5,1.

** Die negative Formulierung der Goldenen Regel in den konfuzianischen Texten unterscheidet sich von der positiven in der Bergpredigt des *Neuen Testaments*. Die Formulierungen haben Anlass zu verschiedenen Interpretationen und Bewertungen der darin zum Ausdruck kommenden Ethik gegeben. Siehe dazu Ulrich

4 Zum Weg des Edlen gehören vier Dinge, von denen ich auch nicht eines schon erreicht habe: Meinem Vater dienen, wie ich es von meinem Sohn erwarten würde, das kann ich noch nicht. Meinem Fürsten dienen, wie ich es von meinen Beamten erwarten würde, kann ich noch nicht. Meinem älteren Bruder dienen, wie ich es von meinem jüngeren Bruder erwarten würde, kann ich noch nicht. Entsprechend meinem Freund gegenüber so handeln, wie ich es von ihm erwarte, auch das kann ich noch nicht. Wenn der Edle in der Ausübung der gewohnten Tugenden oder in seinen Reden nachlässig ist, so versäumt er es nicht, sich anzustrengen. Wenn er in seinen Worten zu weit gegangen ist, verbietet er sich solche Exzesse. Die Worte müssen den Taten entsprechen, die Taten müssen den Worten entsprechen. Wie sollte der Edle nicht unbedingt aufrichtig sein!

Unger, *Goldene Regel und Konfuzianismus*, in: *minima sinica* 2 (2003), S. 19 ff.

Zhi dao: Der rechte Weg

Der Edle und sein Verhalten

XIV 1 Der Edle richtet sich bei allem, was er tut, nach seiner Stellung und begehrt nichts darüber hinaus.

2 Wenn er in Reichtum und Ehren lebt, handelt er, wie es sich in Reichtum und Ehren geziemt. Wenn er in Armut und Niedrigkeit lebt, handelt er, wie es sich in Armut und Niedrigkeit geziemt. Wenn er unter Barbaren lebt, handelt er, wie es sich unter Barbaren geziemt. Wenn er in Leid und Schwierigkeiten lebt, so handelt er, wie es sich in Leid und Schwierigkeiten geziemt. Der Edle gerät nie in eine Lage, in der er nicht er selber ist.

3 In hoher Stellung unterdrückt er nicht die Untergebenen, in niederer Stellung kriecht er nicht vor den Oberen. Er korrigiert sich selbst und verlangt nichts von den andern Menschen; so bleibt er frei von Groll. Nach oben grollt er nicht dem Himmel, nach unten zürnt er nicht den Menschen.

4 So weilt der Edle in Ruhe und Gelassenheit und erträgt sein Schicksal gefasst. Der Gemeine aber beschreitet gefährliche Wege, um ein unverdientes Glück zu erjagen.

5 Der Meister sprach: Der Schütze hat eines mit dem Edlen gemein: Wenn er das Ziel verfehlt, wendet er sich um und sucht den Fehler bei sich selbst.

XV 1 Der Weg des Edlen gleicht einer weiten Reise: Man muss Schritt für Schritt die nähere Umgebung durchqueren. Oder er ist gleich der Besteigung eines hohen Berges: Man muss unten anfangen.

2 Im Buch der Lieder steht*:

»Eintracht mit Frau und Kind
Ist wie Harfen- und Zitherspiel.
Harmonie unter den Brüdern
Schafft Freude und Frieden auf Dauer.
So umsorge deine Familie,
Erfreue dich deiner Angehörigen!«

3 Der Meister sprach: Dann sind die Eltern glücklich und zufrieden.

* II Siau Ya I,4,7.

Xiao ti: Pietät und Bruderliebe

Die Kräfte der Himmlischen

XVI 1 Der Meister sprach: Wie mächtig sind doch die Kräfte, die von den Himmlischen ausgehen!

2 Man schaut nach ihnen und sieht sie nicht; man horcht nach ihnen und hört sie nicht. Und doch gestalten sie alle Dinge, und keines kann ihrer entbehren.

3 Sie bewirken, dass die Menschen fasten, sich reinigen und festliche Gewänder anlegen, um Opfer darzubringen. Die Geister sind wie das Rauschen großer Wasser, als wären sie über den Häuptern, als wären sie zur Rechten und zur Linken.

4 Im Buch der Lieder steht*:

»Der Geister Nahen
Lässt sich nicht ermessen.
Wie dürfte man sie missachten!«

5 So sichtbar ist das Geringfügige, so wenig lässt sich die Wirkung der Wahrhaftigkeit unterdrücken.

* III Da Ya III,2,7.

XVII 1 Der Meister sprach: Schun* besaß doch die größte Kindesehrfurcht! Durch seine Tugend war er ein Weiser; er war geehrt als Thronfolger und seine Reichtümer erstreckten sich zwischen den vier Meeren**. Im Ahnentempel brachte er Opfergaben, und seine Söhne und Enkel brachten ihm Opfer dar.

2 Aufgrund seiner großen Tugend war es zwingend, dass er den Thron bestieg, große Reichtümer erhielt, Ruhm erntete und ihm ein langes Leben beschieden war.

3 So verwirklicht der Himmel an seinen Geschöpfen in Hülle und Fülle, was ihren Fähigkeiten entspricht. Was gut gedeiht, das stützt er; was morsch ist, das stürzt er.

4 Im Buch der Lieder steht***:

»Der bewundernswerte und freundliche Fürst,
Wie strahlend sind seine Tugenden!
Er leitet sein Volk und seine Untergebenen.
Der Himmel hat ihm Würde verliehen.

* Vgl. Anm. S. 16.

** Die vier großen Meere sind: Bohai-Meer, Gelbes Meer, Ostchinesisches Meer und Südchinesisches Meer.

*** III Da Ya II,5,1.

Er schützte ihn und gab ihm die Herrschaft.
Vom Himmel empfing er die Gunst täglich neu.«

5 So wird große Tugend vom Himmel sicher belohnt.

XVIII 1 Der Meister sprach: Keinen Grund zum Kummer hatte wohl nur der König Wen! Sein Vater war König Gi, sein Sohn König Wu.* Der Vater hatte das Fundament gelegt, der Sohn trug Amt und Würden weiter.

2 Der König Wu setzte das Werk fort, das der Große König**, der König Gi und der König Wen begonnen. Ein einziges Mal zog er die Waffenrüstung an, und das Königreich gehörte ihm. Er selbst verlor darüber nicht seinen guten Ruf, den er im ganzen Lande genoss. Seine Würde war der königliche Thron, seine Reichtümer der Besitz allen Landes zwischen den vier Meeren. Im Ahnentempel brachte er Opfer dar, und seine Nachkommen hüteten sein Andenken.

* König Wen, König Gi und König Wu gehören alle drei zur Zhou-Dynastie (ca. 1150–249 v. Chr.). Wu war der erste König der Zhou, der die Shang-Dynastie, deren zweite Periode Yin-Dynastie heißt, zu Fall brachte. Konfuzius mythisiert diese Könige, die den Feudalismus der Agrargesellschaft begründet haben, als unvergängliche Vorbilder des guten Herrschers. Hier wird deutlich, dass das für die Entstehung der griechischen Philosophie gängige Schema »Vom Mythos zum Logos« auf China nicht zutrifft.

** Der »Große König« stammt aus der Yin-Dynastie.

3 Der König Wu empfing den Regierungsauftrag erst am Ende seines Lebens. Sein Bruder, der Herzog von Dschou, vollendete, was die tugendhaften Könige Wen und Wu begonnen. Er verlieh Tai und Gi den Königstitel und opferte allen früheren Herzögen gemäß den königlichen Zeremonien. Diese Sitte hat sich dann auf die Lehensfürsten, Großwürdenträger, Gelehrten und Leute aus dem Volke verbreitet. Wenn der Vater ein Großwürdenträger war und der Sohn ein Gelehrter, so wurde er begraben nach den Riten für Großwürdenträger und empfing Opfer nach den Riten für Gelehrte. Wenn der Vater ein Gelehrter war und der Sohn ein Großwürdenträger, so wurde er begraben nach den Riten für Gelehrte und empfing Opfer nach den Riten für Großwürdenträger. Die einjährige Trauerzeit wurde bis zu den Großwürdenträgern ausgedehnt. Dagegen beschränkte er die dreijährige Trauerzeit auf den Himmelssohn.* Bei der Trauer um die Eltern machte man keinen Unterschied zwischen dem Vornehmen und dem Gemeinen.

* »Himmelssohn« lautet die Bezeichnung der frühen Könige, die später den Kaisern vorbehalten war. Begräbnisse und Trauerzeit unterlagen als Zeichen für Amt und Würden genauen Abstufungen.

Si hai: Die vier Meere

XIX 1 Der Meister sprach: Der König Wu und der Herzog von Dschou verstanden sich doch wirklich auf die Kindesehrfurcht!

2 Dem Ehrfürchtigen liegt daran, die Absichten seiner Vorfahren fortzusetzen; er versteht es, die Taten seiner Vorfahren bekanntzumachen.

3 Im Frühling und Herbst wurden die Ahnentempel instand gesetzt, die Opfergeräte aufgestellt, die Gewänder und Obergewänder ausgebreitet und die der Jahreszeit entsprechenden Speisen dargereicht.*

4 Die Riten des Ahnentempels dienten dazu, die helle und dunkle Linie der Generationen zu regeln**; die Reihenfolge nach dem Adelsrang diente dazu, zwischen Vornehmen und Geringen zu unterscheiden; die Reihenfolge der

* Die Vorfahren wurden durch aufwendige Opferzeremonien geehrt. Dazu dienten besondere Ahnentempel, Opfergeräte, Gewänder und Speisen, deren Verwendung festen Regeln unterlag.

** Der komplizierte Ablauf der Opferzeremonien war nach Haupt- und Nebenlinien der Vorfahren streng geregelt. Mit »hellen Linien« sind die Vorfahren aus dem Süden gemeint, mit »dunklen« die Vorfahren aus dem Norden. Ein System der innerfamiliären Rangordnung wies allen Beteiligten während der Zeremonie einen festen Platz zu.

Verrichtungen beim Opfer diente dazu, die Würdigen auszuzeichnen. Beim Danksagungsmahl durften die Unteren den Oberen die Becher reichen, und das diente dazu, die Geringen auch teilnehmen zu lassen. Das Mahl für die Greise diente dazu, die Reihenfolge des Alters zu bestimmen.

5 Die Stelle der Verstorbenen einzunehmen, ihre Zeremonien zu befolgen, ihre Musik aufzuführen, zu ehren, was sie wert gehalten, zu lieben, woran sie hingen, den Toten zu dienen, wie man den Lebenden dient, den Hingegangenen zu dienen, als ob sie noch unter ihnen weilten*: das ist die höchste Art der Kindesehrfurcht.

6 Die Opferzeremonien unter freiem Himmel dienten dazu, Gott zu verehren.** Die Zeremonien im Ahnentempel dienen dazu, den Vorfahren zu opfern. Wer sich auf die Opferzeremonien versteht und ihren Sinn erkennt, dem dürfte es gelingen, ein Königreich mit leichter Hand zu regieren.

* Die Toten sind die kürzlich Verstorbenen, die noch als unter den Lebenden Weilende betrachtet werden, die Abgeschiedenen die auf dem Friedhof Beerdigten, deren Seelen als Geister weiterleben und das Schicksal der Nachkommenschaft beeinflussen.

** Es gab zwei Arten von Opferzeremonien: unter freiem Himmel für die Götter und im Tempel für die Ahnen.

XX 1 Herzog Ai* fragte nach den Grundlagen der Regierung.

2 Der Meister sprach: Wie die Könige Wen und Wu regierten, steht aufgezeichnet auf den Bambus- und Holztafeln im *Buch der Urkunden.*** Wenn die richtigen Menschen da sind, wird die Regierung aufblühen; wenn die richtigen Menschen fehlen, wird sie zerfallen und zum Erliegen kommen.

3 Mit den richtigen Menschen wird die Regierung sich schnell entwickeln wie die Pflanzen auf der Erde. Dann ist die Regierung wie ein schnell wachsendes Schilfrohr.***

* Herzog Ai gehört zur Aristokratie des Staates Lu, der Heimat des Konfuzius.

** *Das Buch der Urkunden* ist das zweite der fünf kanonischen Bücher des Konfuzianismus. In seiner ursprünglichen Form waren die Zeichen in Bambus eingeritzt. Das Buch der Urkunden ist mehr als eine Chronik, denn es ordnet die Ereignisse in ein sinnvolles Ganzes ein.

*** Der Vergleich der erfolgreichen Regierung mit einem schnell wachsenden Schilfrohr spricht für sich. Wilhelm bevorzugt für seine Übersetzung den vom Wortlaut auch möglichen Vergleich mit einer Schlupfwespe, der allerdings weit hergeholt erscheint.

4 So kommt es für die Ausübung der Regierungsgeschäfte auf die Menschen an. Die Menschen gewinnt der Herrscher durch seine Persönlichkeit; eine Persönlichkeit entsteht durch den rechten Weg. Der Weg führt zur Menschlichkeit.

5 Menschlichkeit gehört zum Menschsein. Die Liebe zu den Nächsten ist das Größte daran. Gerechtigkeit bedeutet das, was recht ist. Die Ehrung der Würdigen ist das Größte daran. Die Abstufung der Liebe zu den Nächsten und die Arten der Verehrung der Würdigen sind es, aus denen die Verfügungsgewalt entsteht.

6 Wer in untergeordneter Stellung nicht das Vertrauen seiner Oberen besitzt, bekommt das Volk nicht so in den Griff, dass er es gut regieren kann.*

7 Darum darf der Edle es nicht unterlassen, seine Persönlichkeit zu kultivieren. Wer seine Persönlichkeit bilden will, darf es nicht unterlassen, seinen Eltern zu dienen. Wer seinen Eltern dienen will, darf es nicht unterlassen, die Menschen zu erkennen. Wer die Menschen erkennen will, darf es nicht unterlassen, den Himmel zu erkennen.

* Der aus dem Gedankengang fallende Text scheint ein Einsprengsel zu sein. In Abschnitt 17 erscheint er an der richtigen Stelle.

Die fünf Pflichten und die drei Tugenden

8 Fünf universale Pflichten gibt es, und die dazu führenden Tugenden sind drei. Die Pflichten beziehen sich auf das Verhältnis zwischen Fürst und Minister, Vater und Sohn, Gatte und Gattin, älterer und jüngerer Bruder und den Verkehr zwischen Freunden. Diese fünf sind die immer gültigen Verpflichtungen. Wissen, Großmütigkeit und Mut, diese drei sind die immer wirksamen Tugenden. Zu ihrer Ausübung ist Überlegenheit nötig.

9 Ob einer von Geburt dies erkennt oder durch Lernen oder durch Einsicht in die eigene Beschränkung, das ist alles eins. Ob einer aus der Fülle oder aus Vorteilsannahme danach handelt oder mit gewaltiger Anstrengung: wenn er das Werk vollendet, läuft es auf dasselbe hinaus.

10 Der Meister sprach: Liebe zum Lernen führt zur *Weisheit*, entschlossenes Handeln führt zur Großmut, sich schämen können, führt zur Stärke.

11 Wer diese drei Dinge kennt, der weiß, wie er seine Persönlichkeit zu bilden hat. Wer weiß, wie er seine Persönlichkeit zu bilden hat, der weiß, wie er die Menschen regieren kann. Wer weiß, wie er die Menschen regieren kann, der weiß, wodurch er sein Reich mit all seinen Staaten und Familien in Ordnung halten kann.

Die neun Regeln zur Führung des Weltreichs

12 Für die Führung des Königreichs mit all seinen Staaten und Familien gibt es neun Regeln: Pflege der Persönlichkeit, Ehrerbietung gegenüber den Würdigen, Liebe zu den Nächsten, Achtung vor den hohen Würdenträgern, Verständnis für die Menge der Beamten, väterliche Liebe zum einfachen Volk, Heranziehung der verschiedenen Handwerker, Milde gegen die Fremden, liebevolles Gedenken der Lehensfürsten.

13 Wenn der Herrscher seine Persönlichkeit bildet, wird das Pflichtbewusstsein gefestigt. Wenn er die Würdigen ehrt, gibt es keine Fehleinschätzungen. Wenn man die Nächsten liebt, entsteht unter Verwandten und Brüdern kein Groll. Wenn er die hohen Würdenträger achtet, wird der Blick nicht getrübt. Wenn er Verständnis für die Menge der Beamten zeigt, vergelten sie es reichlich durch ihre Ergebenheit. Wenn er väterliche Liebe zum einfachen Volk hat, so feuern die Leute einander zum Guten an. Wenn er die verschiedenen Handwerker ermutigt, wird es reichlich Konsumgüter geben. Wenn er freundlich ist gegenüber den Fremden, strömen sie ihm aus allen vier Himmelsgegenden zu. Wenn er der Lehensfürsten liebevoll gedenkt, liegt ihm die Welt zu Füßen.

14 Indem der Herrscher gepflegt auftritt und sich reinigt und in feierlichen Gewändern zum Opfer schreitet, indem er nichts tut, was dem Ritus widerspricht, bildet er seine

Persönlichkeit. Indem er Verleumder meidet, sich fernhält von Sinnlichkeit, das Geld gering achtet und die Tugenden schätzt, ermutigt er die Würdigen. Indem er ihnen ehrenvolle Stellungen gibt und sie großzügig entlohnt und ihre Neigungen und Abneigungen teilt, kann er die Liebe seiner Nächsten gewinnen. Indem er ihnen ausreichende Hilfskräfte zur Erledigung der laufenden Geschäfte zur Verfügung stellt, ermuntert er die hohen Würdenträger. Indem er die Gewissenhaften und Zuverlässigen mit reichen Einkünften versieht, zeigt er Verständnis für die Staatsbediensteten. Indem er sie zur rechten Zeit einsetzt und die Abgaben niedrig hält, feuert er die Leute aus dem Volke an. Indem er sie täglich besucht und monatlich prüft und ihnen angemessenen Lohn zahlt, zieht er die Handwerker heran. Indem er sie bei ihrer Ankunft begrüßt und beim Abschied begleitet, ihr Gutes anerkennt und Rücksicht nimmt auf ihre Ungeschicklichkeiten, zeigt er Milde gegenüber den Fremden. Indem er erloschene Geschlechter wiederbelebt und zugrunde gegangene Staaten wieder errichtet, die ungeordneten Staaten zur Ordnung zurückführt und die gefährdeten Staaten stützt, zur rechten Zeit Audienzen gewährt und Gesandte empfängt, reiche Gastgeschenke spendet und geringen Tribut fordert, zeigt der Herrscher, dass er den Lehensfürsten freundlich gesinnt ist.*

* Der Passus spiegelt die ordnungspolitischen Ideale des guten Herrschers, die im Neokonfuzianismus zur Norm der Diplomatie erhoben werden.

15 Für die Führung des Königreichs sind die genannten neun Regeln zu befolgen, doch die Gesinnung, in der man sie befolgt, ist Aufrichtigkeit.

16 Bei allen Unternehmungen hängt der Erfolg davon ab, dass sie gut vorbereitet sind, und Misserfolg ist sicher, wenn sie nicht vorbereitet sind. Sind die Worte im voraus überlegt, gerät man nicht ins Stocken. Sind die Arbeiten im voraus geplant, gerät man nicht in Schwierigkeiten. Sind die Handlungen im voraus eingeübt, macht man keinen Fehler. Sind die Verhaltensregeln im voraus festgelegt, wird ihre Ausübung garantiert.

17 Wenn die untergeordneten Stellen nicht die Unterstützung der Oberen haben, können sie das Volk nicht ordentlich regieren. Um das Vertrauen des Herrschers zu gewinnen, gibt es einen Weg: Wem die Freunde keinen Glauben schenken, der findet auch nicht das Vertrauen seiner Oberen. Zum Glauben der Freunde gibt es einen Weg: Wer seinen Eltern nicht gehorcht, findet nicht das Vertrauen seiner Freunde. Zum Gehorsam gegenüber den Eltern gibt es einen Weg: Wer sich selbst gegenüber nicht ehrlich ist, wird seinen Eltern gegenüber nicht gehorsam sein. Zur Ehrlichkeit gegenüber sich selbst gibt es einen Weg: Wer nicht weiß, was das Gute ist, kann nicht wirklich aufrichtig sein.

18 Die Wahrheit ist des Himmels Weg, die Suche nach Wahrheit ist der Weg des Menschen. Wer im Besitz der Wahrheit ist, trifft das Rechte ohne Mühe, erlangt Erfolg ohne Nachdenken, wandelt mit selbstverständlicher Leichtigkeit auf dem richtigen Weg. Das sind die Weisen. Wer die Wahrheit sucht, der wählt das Gute und hält es fest.

19 Um das zu erreichen, muss man umfassend erforschen, was das Gute ist, kritisch danach fragen, sorgfältig darüber nachdenken, Klarheit schaffen und entschlossen danach handeln.

20 Es mag Dinge geben, die der Edle nicht erforscht hat, aber was er erforscht, davon lässt er nicht ab, bis er es beherrscht. Es mag Dinge geben, nach denen er nicht gefragt hat, aber wonach er fragt, davon lässt er nicht ab, bis er es weiß. Es mag Dinge geben, über die er nicht nachgedacht hat, aber worüber er nachdenkt, davon lässt er nicht ab, bis er es gefunden hat. Es mag Dinge geben, die er nicht untersucht hat, aber was er untersucht, davon lässt er nicht ab, bis es klar ist. Es mag Dinge geben, die er nicht getan hat, aber was er tut, davon lässt er nicht ab, bis er es beherrscht. Andre können es vielleicht auf Anhieb, er muss es zehnmal machen. Andere können es vielleicht beim zehnten Mal, er muss es tausendmal machen.

21 Wer aber wirklich auf diese Weise verfährt, mag er noch so unbedarft sein, wird klug werden; mag er auch schwach sein, wird er sicherlich stark werden.

XXI Wenn Klugheit aus der Wahrhaftigkeit kommt, so ist das in der Natur angelegt. Wenn die Wahrhaftigkeit aus der Klugheit kommt, ist das ein Erfolg der Unterweisung. Wer Wahrhaftigkeit hat, der hat auch Klugheit; wer Klugheit hat, der hat auch Wahrhaftigkeit.

XXII Nur wer auf Erden die höchste Wahrhaftigkeit erreicht, kann seine Natur voll entwickeln. Wer seine Natur voll entwickeln kann, der kann auch die Natur anderer Menschen zur Entfaltung bringen. Wer die Natur anderer Menschen zur Entfaltung bringen kann, der kann auch die Natur der Tiere und Dinge erfassen. Wer die Natur der Tiere und Dinge erfassen kann, der kann im Einklang mit Himmel und Erde schöpferisch tätig sein. Wer wie Himmel und Erde schöpferisch tätig sein kann, der bildet mit Himmel und Erde eine große Dreiheit.*

XXIII Die nächste Stufe ist es, die Anlage zum Guten zu kultivieren und damit in den Besitz der Wahrheit zu gelangen. Aus der Wahrheit wird Wirklichkeit, und die Wirk-

* Aus dem Zusammenspiel von Himmel, Erde und Mensch (Herrscher) resultiert die Weltordnung, die auch den Sinn der Geschichte bestimmt. Die »Dreiheit« hat nichts mit der Dreifaltigkeit des christlichen Gottes und der Trinitätstheologie zu tun.

lichkeit wird sichtbar. Die Sichtbarkeit verschafft Klarheit, und die Klarheit bringt etwas in Bewegung. Bewegung erzeugt Veränderung, Veränderung wird Neugestaltung. Nur wer auf Erden höchste Wahrhaftigkeit besitzt, der kann etwas neu gestalten.

XXIV Höchste Wahrhaftigkeit führt dazu, die Zukunft im voraus zu erkennen. Wenn ein Herrscherhaus im Begriff ist aufzublühen, gibt es sicherlich günstige Vorzeichen. Wenn ein Herrscherhaus im Begriff ist unterzugehen, gibt es sicherlich unheilvolle Vorzeichen. Das offenbart sich beim Orakel in Schafgarbe und Schildkröte und macht sich überall bemerkbar.* Wenn Heil oder Unheil heraufziehen, kann der Weise beides im voraus erkennen. Daher gleicht der, der die höchste Wahrhaftigkeit besitzt, einem göttlichen Geist.

XXV 1 Wahrhaftigkeit wird durch Selbstvervollkommnung erreicht, und den Weg dahin muss der Mensch selbst finden.

* Die Wahrsagekunst war in China eine uralte Tradition. Zwei Formen der Orakel sind überliefert: die ältere, auf Tierknochen und Schildkrötenpanzern geschriebene Orakelsprüche und die neuere, aus Schafgarbenstengeln gelegte Figuren, mit denen alle denkbaren Strukturen des Universums dargestellt werden. Damit wurde der Grundstein für die konfuzianische Auffassung der Welt als Kosmos gelegt. Die Orakeltexte sind im *I Ging* (*Buch der Wandlungen*) erhalten, dem wohl ältesten traditionellen Text Chinas.

2 Wahrhaftigkeit ist Anfang und Ende aller Dinge. Ohne Wahrhaftigkeit würde nichts gedeihen. Darum hält der Edle das Streben nach Wahrhaftigkeit für das Beste.

3 Der Aufrichtige vervollkommnet nicht nur sich selbst, sondern eben dadurch macht er auch die anderen Menschen und Dinge vollkommen. Sich selbst zu vervollkommnen ist höchste Tugend, die anderen Dinge vollkommen zu machen, ist Weisheit. Beides gehört zur menschlichen Natur und ist der Weg zur Vereinigung des Äußern und des Innern. Ihn allzeit anzustreben, ist richtig.

Ren de: Menschlichkeit und Tugend

XXVI 1 Die höchste Wahrhaftigkeit kennt kein Nachlassen.

2 Unablässigkeit führt zur Dauer, Dauer zeigt Wirkung.

3 Wirkung reicht in die Ferne, Wirkung in die Ferne führt zu Weite und Festigkeit, Weite und Festigkeit führen zu Höhe und Klarheit.

4 Weite und Festigkeit: dadurch werden die Dinge getragen; Höhe und Klarheit: dadurch werden die Dinge beschirmt. Durch lange Dauer werden die Dinge vollkommen.

5 Weite und Festigkeit sind der Erde zugeordnet. Höhe und Klarheit sind dem Himmel zugeordnet. Lange Dauer führt zur Unendlichkeit.

6 Wer das erreicht hat, der offenbart sich, ohne sich zur Schau zu stellen, verändert, ohne sich zu bewegen, erreicht seine Ziele, ohne sich zu überanstrengen.

7 Der Weg von Himmel und Erde lässt sich mit einem Satz sagen: Weil Himmel und Erde ohne Zweideutigkeit sind, bringen sie Dinge auf unergründliche Weise hervor.

8 Der Weg von Himmel und Erde ist weitreichend und fest, hoch und leuchtend, ununterbrochen und dauernd.

9 Wir sehen den Himmel nur als leuchtendes Etwas, aber in seiner Unendlichkeit hält er Sonne, Mond, Sterne und Tierkreiszeichen fest und beschirmt alle Dinge. Die Erde ist für uns nur diese Hand voll Staub, aber in ihrer Weite und Festigkeit trägt sie das Hua-Gebirge*, und es ist ihr nicht zu schwer; sie leitet die Ströme und Meere, dass sie nicht überfließen. Der Berg ist nur diese Faust voll Steine, aber in seiner Weite und Größe wachsen auf ihm Kräuter und Bäume, wohnen auf ihm Vögel und Tiere, und Schätze sind in ihm verborgen in großen Mengen. Das Wasser ist nur dieser Löffel voll Flüssigkeit, aber in seiner unergründlichen Tiefe leben Leviathan und Krokodil, allerlei Drachen, Fische und Schildkröten, und es erzeugt kostbare Güter.

* Das Hua-Gebirge, Hua Shan, ist eines der fünf heiligen Gebirge in der heutigen Provinz Shanxi. Das Gebirge ist wegen seiner Pagoden und Tempel berühmt. Im alten chinesischen Weltbild, das das Reich der Mitte als Quadrat betrachtete, verkörpert das Hua-Gebirge den westlichen Eckberg.

10 Im Buch der Lieder heißt es*:

»Des Himmels Wille
Wie unergründlich und ewig.«

Damit ist ausgedrückt, was den Himmel ausmacht. Und weiter:

»O wie überragend
Ist die Einzigartigkeit der Tugend des Königs Wen.«

Damit ist ausgedrückt, was den König Wen ausmacht. Seine Größe ist unvergänglich.

Tian di: Himmel und Erde

* IV Sung I,2,1.

XXVII 1 Wie groß ist doch der Weg des Weisen!*

2 Wie überfließendes Wasser erzeugt und nährt er alle Wesen und ragt empor zum Himmel.

3 Wie allumfassend ist seine Größe! Der Zeremonienregeln sind dreihundert, der Regeln des Betragens sind dreitausend.

4 Der Weg wartet auf den rechten Mann; erst dann wird er begangen.

5 Darum heißt es: Nur durch einen Mann von höchster Tugend, der den rechten Weg beschreitet, wird der Weg Wirklichkeit.

6 Deshalb macht der Edle seiner tugendhaften Natur Ehre und gibt sich ständig dem Forschen und Studieren hin, das er in seiner ganzen Breite und Tiefe erschöpft. Er lässt weder das Besondere noch das Unbedeutende aus und

* Die Verehrung des Weisen nimmt auch oft sakrale Züge an, so dass der Weise auch als Heiliger bezeichnet wird. Das gilt für Konfuzius selbst, für den Altare und Tempel errichtet wurden.

bringt es zu seiner höchsten Ausstrahlung. So schreitet er auf dem Weg von Maß und Mitte. Er pflegt das Alte und ist für das Neue offen. Er ist ehrenhaft und von großem Ernst und hält die Sitte hoch.

7 Darum ist der Edle in einer hohen Stellung nicht stolz und in einer niederen nicht aufsässig. Wenn das Reich gut regiert wird, so reichen seine Worte aus, um sich Gehör zu verschaffen. Wenn das Reich schlecht regiert wird, so reicht sein Schweigen aus, ihm gegenüber Nachsicht zu üben.

Im Buch der Lieder heißt es*:

> »Wer klug ist und weise,
> Der weiß sich zu schützen.«

Damit ist wohl eben dies gemeint.

XXVIII 1 Der Meister sprach: Wer töricht ist und doch alles selber beurteilen will; wer in niedriger Stellung ist und doch seinen Willen durchsetzen will; wer ganz in der Gegenwart lebt und doch zu den Wegen des Altertums zurückkehren möchte: solche Menschen wird sicherlich das Verderben treffen.

* III Da Ya III,6,4.

Schaffen der Kultur

2 Außer dem Himmelssohn hat niemand das Recht, Zeremonien festzusetzen, Maße zu schaffen und über die Rechtschreibung zu entscheiden.

3 Heutzutage* haben alle Wagen im ganzen Land dieselbe Spurweite, alle Bücher dieselben Schriftzeichen und alle Handlungen dieselben Verhaltensregeln.

4 Wenn einer zwar die Stellung hat, aber nicht die nötigen Geistesgaben, so soll er nicht wagen, Sitte und Musik zu schaffen. Wer andererseits zwar die nötigen Geistesgaben besitzt, aber nicht die Stellung, der soll auch nicht wagen, Sitte und Musik zu schaffen.

* Dieser Passus bezieht sich auf Zeiten nach Konfuzius, wahrscheinlich auf die Han-Dynastie.

Sheng ren: Der Heilige

5 Der Meister sprach: Ich könnte die Sitten der Hia-Zeit beschreiben, aber der Staat Ki, wo heute die Nachkommen der Hia leben, ist nicht imstande, eine Bestätigung für meine Worte zu liefern.* Ich habe die Sitten der Yin-Zeit erforscht und in Sung ist noch manches davon vorhanden. Ich habe die Sitten der Dschou-Zeit erforscht, sie sind heute noch im Gebrauch. Ich folge den Sitten von Dschou.

XXIX 1 Wer über ein Reich herrschen möchte, hat drei vorangehende Dynastien wichtig zu nehmen, wodurch er Fehler vermeiden kann.**

2 Frühere Maßnahmen mögen noch so gut gewesen sein, aber sie lassen sich nicht bestätigen. Was nicht bestätigt ist, wird nicht geglaubt; was nicht geglaubt wird, dem folgen die Leute nicht. Spätere Maßnahmen mögen wohl gut sein, aber sie werden nicht respektiert. Was nicht respektiert

* Xia-Dynastie, von ca. 2200 v. Chr. bis zum Beginn der Shang-Dynastie 1766 v. Chr. Im Staat Ki lebten die Nachkommen der Xia. Zur Yin-Dynastie siehe XXVIII, 1. Im Staat Sung lebten die Nachkommen der Yin. Zur Zhou-Dynastie siehe XVIII, 1. Die »Bestätigung«, auf die hier Wert gelegt wird, ist eine Form der Legitimation durch kontinuierliche Überlieferung, wie sie im Traditionalismus der Kulturreligionen gepflegt wird.

** Die drei vorangehenden Dynastien sind Xia, Yin und Zhou. Es gibt eine abweichende Lesart, welche die in XXVIII, 2 genannten drei Vorrechte des Himmelssohnes nennt.

wird, wird nicht geglaubt; was nicht geglaubt wird, dem folgen die Leute nicht.

3 Darum entspringen die Maßnahmen des Herrschenden seiner eigenen Persönlichkeit, und das wird durch die Zustimmung des Volkes bestätigt. Er prüft sie an den Einrichtungen der drei vorangehenden Königsgeschlechter und findet daran keinen Fehler. Er fügt sie ein in den Lauf von Himmel und Erde und findet keinen Anstoß. Er legt sie den Geistern und Göttern vor und findet keinen Zweifel daran. Und wenn nach hundert Geschlechtern ein anderer Weiser auftritt, so wird auch der keine Bedenken haben.

4 Dass er seine Maßnahmen den Geistern und Göttern vorlegt* und keinen Zweifel daran findet, ist ein Beweis, dass er den Himmel kennt. Wenn nach hundert Geschlechtern ein Weiser auftritt und dieser keine Bedenken hat, ist das ein Beweis, dass er die Menschen kennt.

5 Darum: Wenn der Herrscher sich rührt, so schafft er auf viele Geschlechter hinaus für die Welt ein Beispiel. Wenn er handelt, so schafft er auf viele Geschlechter hinaus für die Welt ein Vorbild. Wenn er redet, so schafft er auf viele Geschlechter hinaus für die Welt einen Maßstab. Die fern

* Die Regierungsverordnungen wurden vom Herrscher den Geistern und Göttern zur Prüfung vorgelegt, nämlich in Form von Schildkröten- und Schafgarbenorakeln.

von ihm sind, blicken sehnsüchtig zu ihm hin; die nahe bei ihm sind, werden seiner nie überdrüssig.

6 Im Buch der Lieder heißt es*:

»Dort ist kein Hass,
Hier ist kein Überdruss.
Zu hoffen ist, dass Tag und Nacht
Nur jeder sei auf Preis bedacht.«

Noch nie hat ein Herrscher anders als auf diesem Weg frühzeitig Ruhm erlangt im ganzen Reich.

* IV Sung II,3,2.

中國

Zhong guo: Reich der Mitte

Apotheose des Konfuzius

XXX 1 Dschung Ni übernahm die Lehren von Yau und Schun als ob sie seine Ahnen wären, und nahm Wen und Wu als Vorbild, nach denen er sich richtete.* Nach dem Himmel droben stimmte er seine Zeiten ab und nach dem Wasser und der Erde drunten richtete er seine Unternehmungen ein.

2 So ist er Himmel und Erde gleich, die alles halten und tragen und alles beschirmen und decken, den vier Jahreszeiten gleich, die im Wechsel einander folgen, wie Sonne und Mond, deren Licht abwechselnd scheint.

3 Alle Wesen leben gleichzeitig und schaden einander nicht, ihrer Wege ziehen sie nebeneinander und stoßen nicht zusammen. Die kleinen Lebenskräfte sind wie Flussläufe, die großen Lebenskräfte bewirken gewaltige Umgestaltungen. Das ist es, warum Himmel und Erde so groß sind!

* Zhong Ni, also Konfuzius, bezieht sich in seinem Werk *Frühlings- und Herbstannalen* auf die Gelehrten Yao und Shun und auf die Könige Wen und Wu.

XXXI 1 Nur wer genug gute Eigenschaften besitzt, kann auf der Erde leben. Wer leicht begreift, klarsichtig ist, intelligent ist und umfassendes Wissen besitzt, der kann Regeln aufstellen. Wer weitherzig, großzügig, gutmütig und sanft ist, der ist in der Lage, Nachsicht zu üben. Nur wer impulsiv, kraftvoll, stark und ausdauernd ist, vermag alles fest im Griff zu halten. Nur wer selbstsicher, ernst, maßvoll und korrekt ist, der kann sich Achtung verschaffen. Nur er hat Fähigkeit und Urteil, Scharfsinn und Beobachtung genug, um Unterschiede machen zu können.

2 Weit strömend ist er wie ein tiefer Quell, der Wasser spendet zu seiner Zeit und nie versiegt.

3 In seiner allumfassenden Weite ist er wie der Himmel, in seiner Tiefe, einer Quelle gleich, ist er wie der Urgrund. Wenn er sich offenbart, so ehrt ihn alles Volk; wenn er redet, so glaubt ihm alles Volk; wenn er handelt, so freut sich alles Volk.

4 Darum breiten sein Name und Ruf sich aus in den Mittleren Reichen und wirken bis hin zu den barbarischen Stämmen im fernsten Süden und Norden. Wo Schiffe und Wagen hinkommen, soweit die Kraft der Menschen reicht, was der Himmel beschirmt und die Erde trägt, wo Sonne und Mond scheinen, Reif und Tau hinfallen: alles, was Blut

und Atem hat, ehrt und liebt ihn aufrichtig. Darum heißt es: Er ist dem Himmel zugeordnet.

XXXII 1 Nur der ganz Aufrechte auf Erden kann die großen Gewebe der Menschen entwirren und ordnen, die Grundfesten der Menschheit errichten und Gestaltung und Werden im Himmel und auf Erden erkennen und leiten. Wie könnte so jemand von etwas anderem abhängig sein!

2 So echt ist seine Menschlichkeit, so unergründlich seine Tiefe, so strahlend hell sein himmlisches Wesen!

3 Nur wer selber schnell von Begriff, klarsichtig, hochintelligent, sehr gebildet und vertraut mit dem Himmel ist, könnte den Weisen erkennen!

Tian zi: Der Himmelssohn

Der Edle

XXXIII 1 Im Buch der Lieder heißt es*:

»Über dem reich gestickten Kleid
Trägt sie ein schlichtes Obergewand.«

Damit ist die Abneigung gegen den Schein der Zierde ausgedrückt. So ist des Edlen Weg verborgen und strahlt von Tag zu Tag mehr. Des Gemeinen Weg ist sichtbar wie eine Zielscheibe, und wenn er an der Reihe ist, so ist er schon verschwunden. Des Edlen Weg ist schmucklos, aber er wird seiner nie müde; er ist einfach, aber geachtet; er ist sanft, aber er zeigt Entschlossenheit. Nur wer weiß, wie man vom Nahen aus zum Fernen gelangen kann, wer weiß, woher der Wind weht, wer weiß, was das offenbare Geheimnis ist, der mag damit in die Tiefen der Lebenskraft eindringen.

2 Im Buch der Lieder heißt es**:

»Ob der Fisch sich auch in allen Tiefen birgt,
Er leuchtet deutlich doch hervor.«

Darum achtet der Edle auf sein Inneres, ob er keinen Makel hat, ob er nichts Böses hat in seinem Willen. Worin der Edle unerreichbar bleibt, sind lauter Dinge, die die Menschen gar nicht sehen.

* I Guo Fong V,3,1.
** II Siau Ya IV,8,11.

3 Im Buch der Lieder heißt es*:

»Wenn du allein in deinem Hause bist,
Tu nichts, wofür du dich schämen müsstest.«

Darum braucht der Edle sich nicht zu bewegen, und man ehrt ihn doch; er braucht nicht zu reden, und man glaubt ihm doch.

4 Im Buch der Lieder heißt es**:

»In der Stille wird die Gabe dargeboten
Und man nähert sich den Geistern,
So gibt es keinen Missklang.«***

So braucht der Edle nicht zu belohnen, und das Volk wird dennoch zur Tugend angefeuert; er braucht nicht zu zürnen, und das Volk fürchtet ihn doch mehr als Beil und Axt.

5 Im Buch der Lieder heißt es†:

»Nichts ist so offenbar wie Tugend,
Die Fürsten alle bilden sich danach.«

Darum ist der Edle aufrichtig und ehrfürchtig, und die Welt kommt in Frieden.

* III Da Ya III,2,7.

** IV Sung V,2,2.

*** Bei der Opferzeremonie im eigenen Haus wurden die Geister nicht durch laute Worte, sondern durch leise Musik herbeigerufen.

† IV Sung I,4,3.

6 Im Buch der Lieder heißt es*:

»Ich** liebe die leuchtende Tugend,
Die sich nicht laut und sichtbar kündet.«

Der Meister sprach: Die lauten und gewaltsamen Maßnahmen, um das Volk zu regieren, sind die letzten, die angewendet werden dürfen.

Im Buch der Lieder heißt es ferner***:

»Die Tugend ist leicht wie ein Haar.«

Aber selbst ein Haar ist noch materiell.

»Der Himmel schafft
Lautlos und ohne Spur.«

Das ist die höchste Tugend.

* III Da Ya I,7,7.

** Die Interpreten des Abschnitts beschäftigen sich mit der Frage, ob mit »Ich« im ersten Vers Gott spricht. Auf jeden Fall ist am Ende durch den Vergleich mit dem Haar die rein geistige Natur des tugendhaften Wirkens hervorgehoben, die dem edlen Herrscher vom Himmel verliehen wird.

*** III Da Ya III,6,6.

Damit ist das dreiunddreißigste Kapitel beendet.* Dsi-si hat in den vorigen Kapiteln seine Untersuchungen bis zum Letzten durchgeführt, wendet sich nun zurück und prüft die Quelle seines Gegenstands. Und dann als Lernender, frei von allem Eigennutz und wachsam gegenüber sich selbst, wenn er allein ist, führt er seine Einsichten aus, bis er mit leichter Hand sie im gesamten Königreich umsetzen kann, beruhigt durch die schlichte und aufrichtige Verehrung. Ferner verherrlicht er das Geheimnisvolle, bis er es schließlich ohne Laut und Spur allen kundtut. Hier fasst er das ganze Werk zusammen und macht ein Kompendium daraus. Mit tiefem Ernst ist er das Werk noch einmal durchgegangen, und er ermahnte und belehrte die Menschen. Soll der Schüler nicht sein Bestes geben beim Studium dieses Werkes!

* Die Kapiteleinteilung entspricht dem Original aus dem *Li Gi* (*Buch der Riten*), dem der Text entnommen ist. Zu Dsi-si, dem angeblichen Verfasser des Textes, vgl. die Anm. S. 9.

Wu de: Die fünf Tugenden

Anhang

Zu dieser Ausgabe

Konfuzius hat selbst keine Schriften hinterlassen. Die Autorschaft des Textes ist ungeklärt. Da der Text eine prägnante Zusammenfassung der Lehren des Konfuzius enthält, erscheint uns die Nennung seines Namens im Titel gerechtfertigt. Auch in China wird das Buch vom Laienpublikum Konfuzius zugeschrieben.

Dem Text liegt die Übersetzung von Richard Wilhelm zugrunde, erschienen in: *Li Gi: Das Buch der Sitte*, Jena 1930. Wilhelm zählt als protestantischer Missionar in der ersten Hälfte des 20. Jahrhunderts zu den besten Kennern des chinesischen Geisteslebens. Wir haben den deutschen Text dem heutigen Sprachgebrauch angepasst und insbesondere das christliche Vokabular durch neutrale Formulierungen ersetzt.

Die Zwischenüberschriften stammen vom Übersetzer und sollen den Überblick erleichtern. Die Gliederung in Kapitel und Abschnitte entspricht dem chinesischen Original und ermöglicht das Auffinden in wissenschaftlichen Ausgaben wie der zum sinologischen Standard zählenden von James Legge, *The Four Books*, Shanghai 1930. Im Zweifelsfall sind wir bei der Textgestaltung der englischen Übersetzung von Legge gefolgt. Für die Namen haben wir im Text die von Wilhelm verwendete Lautschrift beibehalten, da sie für den deutsch sprechenden Leser am verständlichsten ist. Dagegen haben wir in den Anmerkungen und im Nachwort die 1954 eingeführte offizielle Pinyin-Umschrift verwandt. Beispiel: Der Titel von *Maß und Mitte*, bei Wilhelm *Dschung Yung*, lautet in Pinyin *Zhong Yong*.

Literaturhinweise

Übersetzungen

James Legge: The Four Books. With English Translation and Notes. Shanghai 1930.

Die Lehren des Konfuzius: die vier konfuzianischen Bücher. Chin./Dt. Übers. und erl. von Richard Wilhelm. Mit einem Vorw. von Hans van Ess. Frankfurt a. M. 2009.

Weiterführende Literatur

Geschichte der Philosophie

Richard Wilhelm: Chinesische Philosophie. Breslau 1929. Neuausgabe Wiesbaden 2007. [Gut lesbare Darstellung von den Anfängen bis in die Zeit der Mandschu-Dynastie.]

Ralf Moritz: Die Philosophie im alten China. Berlin 1990. [Ideengeschichte unter Berücksichtigung der sozialgeschichtlichen Kontexte.]

Ulrich Unger: Grundbegriffe der altchinesischen Philosophie. Darmstadt 2000. [Wörterbuch philosophischer Schlüsselbegriffe mit Stellenangaben.]

Kai Vogelsang: Geschichte Chinas. Stuttgart 2013. [Politische Geschichte, die auch geistesgeschichtliche Strömungen berücksichtigt.]

Einführungen zu Konfuzius

Heiner Roetz: Konfuzius. München 2006. [Roetz hebt die moralphilosophische Dimension hervor.]

Xuewu Gu: Konfuzius zur Einführung. Hamburg 2006. [Xuewu Gu betont die Staatslehre und die gesellschaftlichen Aspekte.]

Hans van Ess: Der Konfuzianismus. München 2009. [Ausgewogene Darstellung im geistesgeschichtlichen Kontext.]

Speziell zu »Maß und Mitte«

Lydia Gerber: Richard Wilhelms *Zhongyong*. In: Michael Friedrich [u. a.]: Han-Zeit. Festschrift für H. Stumpfeldt. Wiesbaden 2006. S. 683–690.

Der deutsche Leser, der einen lebendigen Eindruck von der chinesischen Lebenswelt gewinnen möchte, sei auf drei belletristische Texte verwiesen:

Zhan Cao: Der Traum der roten Kammer. Ein Roman aus der frühen Tsing-Zeit. Übers. von Franz Kuhn. Wiesbaden 1956. [In diesem Ende des 18. Jahrhunderts erschienenen Roman, der bei der chinesischen Jugend immer noch beliebt ist, tritt unter den handelnden Personen auch ein Herr Tschong als strenger Konfuzianer auf. Daran wird der Konflikt zwischen Tradition und Moderne sichtbar.]

Pearl S. Buck: Ostwind – Westwind. Übers. von Richard Hoffmann. Hamburg 1934. [In diesem Roman thematisiert die in China aufgewachsene Nobelpreisträgerin den Konflikt zwischen dem traditionellen chinesischen und dem liberalen amerikanischen Rollenverständnis innerhalb der Familie.]

Yu Hua: Brüder. Übers. von Ulrich Kautz. Frankfurt a. M. [Dieser Roman erzählt die Geschichte zweier ungleicher Brüder, die den Schrecken der Kulturrevolution entkommen sind und in der Volksrepublik von heute ihr Glück suchen.

Nachwort

Konfuzius in seinem historischen Kontext ist ein weites Feld, das die Sinologen seit jeher beschäftigt. Für ein breites Publikum, das sich für die Lehre des Konfuzius interessiert, ist allein schon die Vielzahl der chinesischen Namen verwirrend, von denen hier nur die wichtigsten in den Anmerkungen erläutert werden. Daher beschränkt sich dieses Nachwort auf eine grobe Skizze der politischen und sozialen Verhältnisse, unter denen sich der Konfuzianismus entwickelt hat. Damit soll der Text aber nicht vollständig enthistorisiert und als Sammlung zeitloser Weisheitssprüche gelesen werden. Beabsichtigt ist vielmehr, die Leitlinien der Lehre des Konfuzius herauszuarbeiten und zu fragen, welche Bedeutung sie für die kulturelle Situation im gegenwärtigen China und dessen Verhältnis zur übrigen Welt besitzen.

Um den Sinn des Konfuzianischen Textes zu veranschaulichen, gehen wir von Positionen der europäischen Philosophien aus, zum einen von der antiken Ethik, speziell von der Aristotelischen Tugend-Lehre, zum anderen von Immanuel Kants (1724–1804) Sollens-Ethik, die moralische Normen durch die Vernunft begründet. Bedeutsam ist auch Gottfried Wilhelm Leibniz (1646–1716), der den Versuch gemacht hat, die im 18. Jahrhundert bekannten konfuzianischen Schriften als »Natürliche Theologie« zu deuten und mit seiner eigenen Metaphysik zu verbinden*. Besonders gut lassen sich die Unterschiede an Schlüsselbe-

* Vgl. David Mungello, *Leibniz and Confucianism. The Search for Accord*, Honolulu 1977.

griffen des Textes klären, deren Übersetzung oft verschiedene Optionen zulässt, je nachdem, welchen Bezugsrahmen man wählt. Geboten ist dabei auch die Abgrenzung vom Taoismus, der religiös-mystischen Richtung in China, als deren Begründer Laotse (604–531 v. Chr.) gilt. Der Taoismus, der im Westen in Form spiritualistischer Übungen immer wieder Konjunktur hat, spielt in China offiziell keine wesentliche Rolle mehr.

Der Konfuzianismus hat trotz aller Umbrüche im Reich der Mitte bis heute seine starke soziale Identifikationskraft bewahrt. Auch Mao Tse Tungs (1893–1976) Anti-Konfuzius-Kampagne von 1974 und ihre Ausläufer haben daran nichts geändert. Sicherlich haben einzelne Züge der Lehre des Konfuzius im 20. Jahrhundert ihre Verbindlichkeit eigenbüßt, so dass eine Charakterisierung des heutigen China als konfuzianisch unzulänglich wäre. Hier gibt es offenkundig auch machtpolitische Instrumentalisierungen. Unverkennbar aber ist, dass der Konfuzianismus seine Gültigkeit behält, wenn es darum geht, im Zuge der Globalisierung die Eigenständigkeit der chinesischen Mentalität zu charakterisieren. Hier sehen wir die Aktualität des Textes im Rahmen des interkulturellen Ideenaustauschs über die Stellung des Menschen in der Welt. Meister Kungtses Lehre von Maß und Mitte wird einflussreich bleiben, auch und gerade wenn das Reich der Mitte mit ökonomischen und sozialen Bedingungen der westlichen Welt konfrontiert wird.

Historischer Kontext

Für das Verständnis der Lehre des Konfuzius ist ein Blick auf den politischen Kontext erforderlich. Konfuzius, ca. 550 v. Chr. im Staate Lu (im Südwesten der heutigen Provinz Shandong) geboren, hat in einer Zeit gelebt, in der China in zahlreiche Fürstentümer aufgespalten war, die sich gegenseitig bekriegten (»Zeit der Streitenden Staaten«). Seine Versuche, in der Politik Fuß zu fassen, scheiterten. Stattdessen wanderte er durch das Reich und gründete Weisheitsschulen, die zahlreiche Schüler anzogen. Konfuzius hat selbst keine Schriften hinterlassen. Darin gleicht er Sokrates (469–399 v. Chr.), den wir ebenfalls nur aus den Aufzeichnungen seiner Schüler kennen. Auch in seiner kritischen Einstellung gegenüber den herrschenden Verhältnissen wird Konfuzius gern an die Seite von Sokrates gestellt, der hundert Jahre später in Athen gelebt hat. Dabei darf man allerdings nicht vergessen, dass die politische Kultur in den griechischen Stadtstaaten eine andere war als in China, dessen Feudalstaaten es primär um die territoriale Ausweitung der Macht ging. Entsprechend sind beide Persönlichkeiten und ihre Methoden kaum miteinander vergleichbar: Konfuzius spricht als Menschenbildner, der sich an sozialen Kategorien orientiert, die nichts vom sokratischen Suchen nach begründetem Wissen spüren lassen. Die sokratische Methode, dem Dialogpartner bei der Wahrheitsfindung Geburtshilfe zu leisten, liegt Konfuzius fern. Stellt er auch seine Unvollkommenheit heraus, so spricht er immer als Meister zu seinen Schülern. Das liegt im Herrscherbegriff und seiner rituellen Verankerung begründet. Die konfuzianische Methode besteht daher in der Wiederholung der Grundsätze, die durch die Überlieferung als festgefügt vorausgesetzt und auf mythische Kaiser der Vorzeit zurückgeführt werden.

Die Wirkungsgeschichte des Konfuzius, die unter der Bezeichnung »Konfuzianismus« geläufig ist, wird geprägt durch die Folge der großen Dynastien, die über zwei Jahrtausende hinweg das Reich der Mitte regiert haben. In der Han-Dynastie, die von 206 v. Chr. bis 220 n. Chr. eine Zentralverwaltung der Feudalterritorien aufgebaut hat, wurde ein mehrstufiges Prüfungsverfahren für die Beamten, die Mandarine, eingeführt, das auf den konfuzianischen Klassikern basiert. Auf der Grundlage der Schriftsprache der Beamten entstand die allgemeinverbindliche Verkehrssprache »Mandarin«. Die konfuzianischen Schriften *Gespräche*, das *Große Lernen*, *Maß und Mitte* sowie die Werke des Schülers Mencius wurden im Neokonfuzianismus in den *Vier Büchern* zusammengefasst, die zum Kanon der Gebildeten gehören. Das gedruckte Buch hat die chinesische Lernkultur geprägt, die sich durch Auswendiglernen vom dialogischen oder diskursiven Vorgehen des Westens unterscheidet. Der Traditionalismus der kanonischen Texte hat dazu beigetragen, dass Konfuzius als Weiser und Heiliger verehrt wurde. Zu erwähnen bleibt noch der gescheiterte Versuch der untergehenden Mandschu-Dynastie, die China von 1644 bis 1911 beherrscht hat, Konfuzius zum Religionsstifter oder gar zum Gott zu verklären.

Im ersten Jahrzehnt des 20. Jahrhunderts wuchs unter der Führung von Sun-Yat-sen (1866–1925), des Begründers der Republik, eine neue Schicht von Intellektuellen heran, die sich nicht mehr in die klassischen Schriften von Konfuzius vertieften, sondern sich an westlichem Wissen orientierten. Doch trotz der 1919 von Studenten ausgegebenen Losung »Zerschlagt den Kramladen des Konfuzius« sind auch in der als »Neues Lernen« etikettierten Modernisierung des Geisteslebens konfuzianische Elemente wirksam geblieben. Das Traditionsbewusstsein hat wesentlich zur geistigen Distanz Chinas gegenüber europäischen Ideen beigetragen. Die unglaubliche Brutalität und Überheblichkeit, mit der die imperialistischen Großmächte seit Ende des 19. Jahrhunderts China ausgebeutet und gedemütigt haben, stand im offenen Widerspruch zu den idealistischen Wertvorstellungen, so dass die chinesischen Eliten sich immer wieder auf ihre eigene Überlieferung besonnen haben*.

Denkformen

Für das Verständnis der Denkformen ist der Aufbau des Textes aufschlussreich. Die erste Hälfte enthält die Prinzipien tugendhaften Verhaltens und kann somit als philosophische Anthropologie gelesen werden. Diese bleibt aber nicht freischwebend, sondern wird in der Regierungskunst verankert, die im zweiten Teil behandelt wird. Auf den heutigen Leser, der in der Demokratie aufgewachsen ist, wirkt dieser Teil auf den ersten Blick überholt. Er erinnert an die alten traditionellen Fürstenspiegel, die ein Idealbild des Herrschers entwerfen und Ratschläge zur besten Regierungsweise geben. Doch bei genauerer Betrachtung wird deutlich, dass die Inhalte weitgehend unabhängig von der Regierungsform Gültigkeit besitzen. Es geht offenbar dar-

* Vgl. Jacques Gernet, *Die chinesische Welt*, Frankfurt a. M. 1983.

um, dem dynastischen Überbau ein menschliches Fundament zu geben, damit die Machtgelüste nicht zu sehr wuchern und das Volk ausbeuten. Insofern enthält der Text eine politische Botschaft als Antwort auf die enttäuschenden Erfahrungen des Konfuzius mit den Fürsten seiner Zeit. Leitidee für beide Teile, die eine gedankliche Einheit bilden, ist das Wirken im Verborgenen, ein sanftes Gesetz der Gewaltlosigkeit geistiger Herrschaft. Sowohl im Verhältnis zu sich selbst als auch in der Beziehung zu anderen wird dem unspektakulären Handlungsmodus die höchste Wirksamkeit zuerkannt. In diesem Punkt besteht eine gewisse Übereinstimmung mit Laotses »Wu Wei«-Theorie der Regierung, die das Nichthandeln zum Prinzip macht.

Struktur und Funktion des konfuzianischen Denkens treten noch deutlicher im Vergleich mit der europäischen Tradition zutage. Zunächst zur antiken Tugendethik und Staatslehre: Überraschend sind die Übereinstimmungen mit Platons (ca. 427–347 v. Chr.) staatsphilosophischer Schrift, der *Politeia.* Am Anfang steht eine große Enttäuschung über die Herrschenden, die dem Verfall der Sitten nichts entgegenzusetzen haben. Erst wenn die Philosophen Könige oder wenn die Könige Philosophen werden, so die bekannte Formulierung aus dem fünften Buch der *Politeia,* könne eine gerechte Regierung entstehen. In dieser Überzeugung ist Platon nach Sizilien gereist, um dort sein Staatsideal zu realisieren, womit er gründlich scheiterte. Auch die Reisen des Konfuzius in die verschiedenen Fürstentümer, um sich dort als Berater anzudienen, waren Fehlschläge. Beide Philosophen haben daraus den Schluss gezogen, besser grundsätzliche Gedanken über die Regierungskunst zu entwickeln. Beide entwerfen ein umfassendes Bildungsprogramm, das in Analogie zur Harmonie des Weltlaufs zu einer gerechten Ordnung führen soll, in der sich der Einzelne am Allgemeinwohl und der Einheit des Ganzen orientiert.

Aristoteles (384–322 v. Chr.) hat sich in seiner *Politik* vom Idealstaat seines Lehrers Platon durch stärkere Orientierung an der Natur des Menschen abgesetzt. Er war der Auffassung, dass jedem Menschen in der Polis bzw. im Staat eine bestimmte Rolle zugewiesen ist und der Einzelne nur als Glied der Gemeinschaft seine Bürgerpflicht erfüllen könne. In diesem kommunitaristischen Ansatz stimmen Aristoteles und Konfuzius überein, doch im Unterschied zu Aristoteles hält sich Konfuzius streng an die Strukturgleichheit von Familie und Staat: Ein Staat könne nur dann gedeihen, wenn die Familienverhältnisse geordnet sind. Für Aristoteles dagegen handelt es sich bei der Polis um eine Herrschaft von Freien über Freie und Gleichgestellte. In diesem Punkt geht von der aristotelischen Politik für die offene Gesellschaft der Moderne eine ungebrochene Faszination aus. Allerdings ist das konfuzianische Bild der Familie nicht so patriarchalisch geprägt, wie es uns heute erscheinen mag. Die Abstufungen nach Alter implizieren generationsspezifische Differenzierungen, welche innerfamiliäre Kritik nicht ausschließen. Die Familie bildet für Konfuzius ein dynamisches Gleichgewicht, das Gleichheit und Verschiedenheit der Auffassungen verbindet.

Das *Buch von Maß und Mitte* ist stärker als die *Gespräche* kosmologisch ausgerichtet. Auch darin besteht eine Parallele zu Aristoteles, für den der Mensch Teil der kosmischen Ordnung ist. Im aristotelischen Stufenkosmos bildet der Himmel die äußerste Grenze der Welt, an der Gott als unbewegter Beweger residiert. Alle Bewegung und alles Streben in der Welt sind auf den unbewegten Beweger ausgerichtet. Bei Konfuzius dagegen steht der Himmel immer in Wechselwirkung mit der Erde, der Kosmos ist demnach Resultat eines harmonischen Zusammenspiels. Das äußert sich in der Anpassung des Lebens an den Wechsel der Jahreszeiten, dann aber auch in der Reaktion auf außergewöhnliche Naturerscheinungen. Diese werden im Hinblick auf den Himmel als Legitimationsinstanz für die Herrscher als Vorzeichen positiv oder negativ gedeutet.

Die Antike betrachtet die Eudämonie (üblicherweise übersetzt mit »Glück« oder »Glückseligkeit«) als absoluten Wert, sie bildet das Telos, das höchste Ziel, dem alle sittlichen Bemühungen untergeordnet sind. Eudämonie wird in den antiken Ethiken verschieden definiert: Bei Aristoteles, für den der Mensch essentiell ein politisches Wesen ist, ist Eudämonie Teil der staatlichen und der kosmischen Ordnung. Dementsprechend versteht er unter Glück »ein Tätigsein der Seele im Sinne der ihr wesenhaften Tüchtigkeit«*. Die Tüchtigkeit äußert sich in den Tugenden, die Aristoteles in ethische, also solche des Charakters, und dianoetische, solche des Geistes, einteilt. Erstere bilden den Gegenstand der auf die Alltagspraxis ausgerichteten Tugendlehre, wobei die Einzeltugenden als Mitte zwischen extremen Verhaltensweisen bestimmt werden. So ist etwa Tapferkeit die Mitte zwischen Tollkühnheit und Feigheit. Die aristotelischen Beispiele sind nicht immer überzeugend; aber soviel ist klar, dass mit der rechten Mitte nicht

* Aristoteles, *Nikomachische Ethik*, übers. von Franz Dirlmeier, Stuttgart 2013. (Reclams Universal-Bibliothek, 8586).

das Mittelmäßige gemeint ist. Die Mesotes-Lehre der aristotelischen *Nikomachischen Ethik* kommt dem *Buch von Maß und Mitte* am nächsten. Ja, man kann sagen, dass Konfuzius das sittliche Verhalten noch ganzheitlicher auffasst als Aristoteles. Bei Konfuzius bedeutet »Mitte« innere Einstimmigkeit der verschiedenen emotionalen Impulse, und »Maß« steht für die Dämpfung der Affekte. So erfüllt der Tugendhafte die Rolle, die dem Menschen aufgrund seiner Natur innerhalb der Harmonie der Kräfte zukommt. Insofern hat bei Konfuzius das Anthropologische größeres Gewicht gegenüber der stark teleologisch ausgerichteten Kosmologie des Aristoteles.

Die klassische Antike liefert nicht den einzigen Vergleichspunkt für das Verständnis des konfuzianischen Textes. Aufschlussreich, da in die Zukunft weisend, sind die philosophischen Schulen des Hellenismus. Mit dem Zusammenbruch der Stadtstaaten und der Bildung der hellenischen Großreiche wird die Eudämonie zur privaten Angelegenheit, zur subjektiven Befindlichkeit. Die Verinnerlichung der Eudämonie hat die Entdeckung des Individuums zur Folge, das sich nicht mehr als Teil des Ganzen versteht. Damit wandelt sich auch die Idee des Politischen, das auf Machterhalt aus ist und keine sittliche Verbindlichkeit mehr beinhaltet. Die neuzeitliche Trennung von Moral und Politik, die Niccolò Machiavelli (1469–1527) in seinem Traktat *Il Principe* (*Der Fürst*) zum Programm gemacht hat, liegt dem Konfuzianismus fern.

Unter den hellenistischen Schulen setzten die Epikureer in ihren konkreten Lebensregeln ganz auf die Sinnlichkeit. Lust (*hedoné*) und Freiheit von Unlust lassen sich nicht durch die Vernunft erzwingen, sondern erfordern ein zurückgezogenes Leben. Nur ein mäßiger Umgang mit den Begierden, die, sich selbst überlassen, den Menschen in Exzesse treiben, führt zur Seelenruhe (*Ataraxie*). Die epikureische Lebensführung erinnert an die machtpolitische Abstinenz der Konfuzianer, doch ist ihnen der Hedonismus fremd. Obwohl Konfuzius Realist genug ist, um zu wissen, dass die Menschen sinnliche Lust der Tugend vorziehen, klammert er die Lust aus seinem Verständnis des sittlichen Verhaltens aus. Der Eros spielt bei ihm keine Rolle, was sicherlich auch mit der untergeordneten Stellung der Frau in der Familie zusammenhängt.

Größere Affinität besteht zum Stoizismus. Für die stoische Ethik heißt tugendhaft zu leben mit sich selbst in Übereinstimmung zu leben, das Wollen dem Können anzupassen. Dafür hat sie den Begriff der angemessenen oder zukommenden Handlung (*Kathekon*) eingeführt, für deren Ausführung die aufrechte Vernunft zuständig ist. Die Vernunft hat die Herrschaft über die Affekte auszuüben. Auch das konfuzianische Streben nach Harmonie und Ausgleich setzt eine rituelle Steuerung des Verhaltens voraus. Allerdings liegt hier eine Schwierigkeit, mit der die stoische Ethik nie ganz fertig geworden ist und die auch den Konfuzianismus bedrängt: Menschliche Wertungen hängen unmittelbar von der affektiven Befindlichkeit ab, von Lust oder Unlust, die sich weder durch die Vernunft noch durch rituelles Lernen wegrationalisieren lassen. So haben manche Stoiker sehnsüchtig nach Indien geblickt. Umgekehrt haben auch Chinesen ins Land des Buddhismus geschaut, in das Laotse der Legende nach entschwunden ist.

Als zweite Interpretationsfolie bietet sich die Kantische Pflichtethik an, deren Prinzipien trotz der Überwindung der rein logisch-formalen Normenbegründung unser moralisches Empfinden immer noch weitgehend bestimmen. Von hier aus fällt Licht und Schatten auf den Konfuzianismus. Die Schattenseite besteht darin, dass bei Konfuzius zwar die Gesinnung der Angelpunkt sittlichen Verhaltens ist, aber sie führt nicht zur Autonomie des Subjekts und zur Stimme des Gewissens. Kant selbst hat daher die Ethik des Konfuzius, soweit sie ihm bekannt war, eher abschätzig beurteilt. Der einzelne Mensch bleibe in seinen Entscheidungen immer abhängig von fremden Einflüssen. Das ist zwar richtig und setzt der Modernität der Konfuzianischen Ethik Grenzen, doch liegt darin auch die Lichtseite. *Maß und Mitte* verfährt nicht präskriptiv, sondern deskriptiv im Sinne psychologischer und sozialpolitischer Einsichten in die Natur des Menschen. Innerlichkeit und äußere Form bilden eine Einheit in der Person des »Edlen«. Hier ist daran zu erinnern, dass auch Kant in der *Metaphysik der Sitten* eine Tugendlehre entworfen hat, die in manchen Punkten dem konfuzianischen Verständnis von Sitte (*li*) als historisch gewachsene Verhaltensregeln nahekommt.

Der Edle (*jun tse*), man könnte ihn auch den guten oder vortrefflichen Menschen nennen, war ursprünglich ein Adelstitel, hat sich aber vom Geburtsadel gelöst und ist zum geistigen Adel geworden. Er bezeichnet einen Menschen, den Goethe in seinem Gedicht *Das Göttliche* »edel, hilfreich und gut« genannt hat. Der Edle steht für die moralisch integre Gesinnung, übt zugleich eine Wirkung aus, die andere Menschen beeindruckt. Allerdings kann man den Edlen nicht »charismatisch« in unserem Sinne nennen, seine Ausstrahlung wirkt eher im Verborgenen. Er ist ständig um Selbstvervollkommnung bemüht. Diese besteht aber nicht wie bei Kant in der Selbstgesetzgebung durch die Vernunft, sondern wird durch rituelle Übungen erreicht, die Körper und Geist umfassen. Insofern handelt es sich bei der Persönlichkeit des Edlen nicht um das autonome Subjekt und noch weniger um einen postmodernen Individualismus der Selbstverwirklichung. Vielmehr geht es um Charakterfestigkeit und Vorbildlichkeit. Der moderne Begriff der Selbstwirksamkeit kommt dieser Haltung vielleicht am nächsten.

Zum moralischen Verhalten gehört in *Maß und Mitte* die »Goldene Regel«. Sie formuliert eine Werthaltung, die durch vorbildliches Verhalten Pflichten gegen sich selbst und gegen andere verbindet. Ob man die Formulierung im Sinne des egalitären Gegenseitigkeitsprinzips interpretieren kann, bleibt angesichts des elitären Selbstverständnisses des Edlen fraglich. Auch die Übereinstimmung mit den positiven Formulierungen im *Neuen Testament* darf nicht zu falschen Schlüssen verleiten. Im Neo-Konfuzianismus findet in der Goldenen Regel verstärkt die Nützlichkeit Beachtung, so dass man schon fast von einer utilitaristischen Wertethik sprechen könnte. Jedenfalls sind die moralischen Normen immer an den Folgen für die Gemeinschaft orientiert. Dabei konnte es nicht ausbleiben, dass an den Fürstenhöfen die Sittlichkeit auch als politisches Machtmittel aufgefasst wurde und zur Herrschaftsideologie verkam.

Kants Ethik ist eng verbunden mit der aufklärerischen Idee eines liberalen und republikanischen Rechtssystems. Ihm schwebte als Ziel der Geschichte ein allgemeiner Rechtszustand zwischen den Völkern vor. Dem entspricht seine Idee vom Ewigen Frieden, ein Zustand, der in absehbarer Zeit zwar noch nicht eintreten wird, doch in zunehmendem Maße das Handeln der Politiker bestimmen wird. Auch Konfuzius und seinen Nachfolgern schwebte ein befriedetes Reich vor, Recht und Gerechtigkeit gehören zu den Grundwerten, aber sie werden nicht egalitaristisch aufgefasst. Die »fünf Beziehungen«, die hierarchische Ordnung zwischen Fürst und Untertan, Vater und Sohn, Mann und Frau, Alt und Jung sowie zwischen Freunden haben Priorität gegenüber der Rechtstaatlichkeit und den Menschenrechten, wie wir sie verstehen.

Im Vergleich mit Kants Religionsphilosophie schneidet Konfuzius gut ab. Wenn Kant als Exponent der Aufklärung auch alle Beweise der Existenz Gottes zurückweist, so hält er als protestantischer Christ an Gott als ethisches Postulat fest. Auch wenn Konfuzius den Menschen anders als sein Schüler Mencius nicht für gut hält, so gibt es ein »radikales Böses«, von dem nur Gottes Gnade den Menschen erlösen kann, für Konfuzius nicht. Er betrachtet den Menschen als vervollkommnungsfähig, eine Position, die seiner Vorstellung von kosmischer Harmonie entspricht. Die Opferpraxis mit ihren festen Riten und Zeremonien hat sakralen Charakter, aber Gott, dem auf besonderen Plätzen geopfert wird, dürfte nicht mit dem personalen christlichen Gott identisch sein. Eher handelt es sich um die Kraft der Natur, die Himmel, Erde und Menschen vereint. Der Konfuzianismus kennt daher auch keine Missionslehre. Vielmehr leben im konfuzianischen China die Volksreligionen bis heute weiter nebeneinander.

Aktualität

Die Rolle des Konfuzianismus im heutigen China ist vor dem Hintergrund der Globalisierung besonders interessant. Es besteht eine Parallele in der unruhigen Zeit nach dem Ersten Weltkrieg, in der regionale Militärführer, sog. Warlords, die Szene beherrschten und das traditionelle Ethos vom Zerfall bedroht war. 1922 hat der in China bekannte deutsche Philosoph und Nobelpreisträger Rudolf Eucken (1846–1926) ein für die chinesische Intelligenz gedachtes Buch mit dem Titel *Das Lebensproblem in China und in Europa* veröffentlicht*. Euckens aktivistischer Neu-Idealismus hatte den Persönlichkeitsbegriff zu einer neuen Blüte geführt. Der Mensch wird nicht, wie die Darwinisten meinen, als bloßes Anhängsel der Evolution betrachtet, sondern ist durch Selbsttätigkeit und Streben zum Geistigen ausgezeichnet. Genau hierin sieht Eucken die tiefere Übereinstimmung mit dem Edlen des Konfuzianismus. Aller geographisch und historisch bedingten kulturellen Verspätung Chinas zum Trotz plädiert Eucken für »eine Art Zwiesprache zwischen europäischer und chinesischer Kultur«, bei der jede »ihre besondere Art selbständig aussprechen« soll (S. III).

In ähnlicher Absicht, aber in umgekehrter Richtung, hat gegen Ende der Weimarer Republik Richard Wilhelm (1873–1930) seine Übersetzung von *Maß und Mitte* als Beitrag zu einer neuen Weltkultur verstanden, die der Mensch im Einklang mit den kosmischen Mächten schaffen soll. Ei-

* Vgl. Rudolf Eucken / Carsun Chang, *Das Lebensproblem in China und in Europa*, Leipzig 1922.

ne Bestätigung der futuristischen Einstellung liefert sein Vortrag *Der Mensch als Maß und Mitte**, den Wilhelm 1927 in der »Schule der Weisheit« von Graf Hermann Keyserling gehalten hat. Auf dieser Tagung hat auch Max Scheler (1874–1928) einen Vortrag gehalten, aus dem seine Schrift *Die Stellung des Menschen im Kosmos* als das Gründungdokument der Philosophischen Anthropologie hervorgegangen ist. Während Scheler das die Person auszeichnende geistige Prinzip den Stufen des Organischen entgegensetzt und damit den Menschen aus der Mitte des Kosmos vertreibt, hält Wilhelm an der Einheit des Lebendigen fest. Diese sieht er im konfuzianischen Denken gewahrt, so dass hier ein kulturelles Potential vorliegt, das es auszuschöpfen gilt. In der Lehre von Maß und Mitte sieht Wilhelm ein Heilmittel gegen die Kulturkrise am Ende der Weimarer Republik, die Europa nach allgemeiner Überzeugung nicht aus eigener Kraft überwinden kann.

Der von Eucken und Wilhelm angemahnte Dialog zwischen Europa und China ist heute wieder von besonderer Aktualität. Es ist unverkennbar, dass die Modernisierung im Reich der Mitte zu einer mentalen Orientierungskrise geführt hat. Die kommunistische Partei, die gegen Korruption und Ausbeutung des Volkes durch neureiche Oligarchen zu kämpfen hat, sucht verzweifelt nach Leitlinien, die auch vom sich neu formierenden Mittelstand akzeptiert werden. Dabei liegt die Rehabilitierung der konfuzianischen Theorie der Regierung mit ihrer Betonung der Loya-

* Vgl. Richard Wilhelm, »Der Mensch als Maß und Mitte«, in: *Der Leuchter. Weltanschauung und Lebensgestaltung*, hrsg. von Alexander von Gleichen-Rußwurm, Jg. 8 (1927) S. 297–323.

lität der Bürger gegenüber dem Staat nahe. Das Herrschaftsprinzip, das zwischen Staat und Gesellschaft keinen Unterschied macht, ist mit der Demokratie natürlich nicht vereinbar, und insofern handelt es sich hier um politische Instrumentalisierung. Aber der Konfuzianismus beinhaltet mehr als die traditionelle Herrschaftstheorie: Spricht Konfuzius vom »Auftrag des Himmels«, ist das keine Legitimation für Diktaturen. Denn für Konfuzius ist der Himmel Teil der kosmischen Harmonie, zu deren Erhaltung Erde und Mensch beitragen. Ihr Zusammenspiel könnte man geradezu als »ökologisch« bezeichnen. Die von der kommunistischen Regierung als Staatsziel ausgegebene »Renaissance Chinas« hat zwei Seiten, eine manifest propagandistische, aber auch eine verborgene, auf der sich Werte einer Zivilgesellschaft mit sozialer Gerechtigkeit und Meinungsfreiheit herausbilden. Aus diesem Grund sollte man die Selbstheilungskraft Chinas nicht unterschätzen.

Das konfuzianische System ethischer Haltungen steht für die Selbstkultivierung der Person, die Charakterfestigkeit und Verlässlichkeit erfordert. Anders als etwa eine postmoderne Auflösung des Ich durch immer neue »Selbsterfindung« ist die chinesische Mentalität auf die Einheit der Persönlichkeit ausgerichtet. Hierin liegt die Stärke des konfuzianischen Ethos, das auf Selbstbehauptung der Gemeinschaft ausgerichtet ist. Wenn Konfuzius wirklich ein Philosoph für die Ewigkeit ist, »a Philosopher for the Ages«, wie er von chinesischen Intellektuellen gern bezeichnet wird, dann könnte der überzogene Individualismus der westlichen Wohlstandsgesellschaften hier an seine Grenzen stoßen. Aufrichtige Gesinnung und verlässliche Verhaltensformen sind nach Konfuzius für ein sozialverträgliches Leben unverzichtbar. Insofern steht *Maß und Mitte* für das langlebige China, auf das Europa in Zukunft vielleicht mit Bewunderung blicken wird.

Schlüsselbegriffe

Damit ist der gedankliche Rahmen umrissen, in dem die folgenden Schlüsselbegriffe näher beleuchtet werden sollen. Im Licht der Übereinstimmungen und Differenzen erhalten viele Begriffe eine andere Bedeutung, auch wenn die Worte die gleichen sind. Aufschlussreich für ein angemessenes Verständnis sind auch die chinesischen Schriftzeichen, die häufig ein bildlich-symbolisches Element enthalten. Nur ein Beispiel sei genannt: Das Schriftzeichen »Mitte« ist das stilisierte Bild eines Pfeils in einer Zielscheibe. Die drei Künste des Pinsels, also Kalligraphie, Verskunst und Malerei, waren somit Schlüssel der chinesischen Gelehrten zu Urformen der Weltharmonie.

Bei der Erläuterung der Schlüsselbegriffe haben wir versucht, einen Bezug zu entsprechenden westlichen Konzepten herzustellen. Grundsätzlich ist aber festzuhalten, dass es sich bei den konfuzianischen Begriffen nicht um eine Kategorienlehre im Sinne der antiken Metaphysik handelt, sondern um Regulative für die Selbstkultivierung der Persönlichkeit. Seine Stärke bezieht der Edle aus der Einordnung in das Gemeinwesen. Die Beharrlichkeit des Charakters ist das Gegenbild zum flexiblen Menschen des Westens, der auf Projekte ausgerichtet ist und sein Ich immer neu erfindet. Dagegen erwartet Konfuzius von der Selbstbeschränkung, dass sie allen egoistischen Begehrlichkeiten zum Trotz zu einer allmählichen Festigung des Charakters führt. In dieser Form hat er die chinesische Mentalität geprägt, die dem Westen oft fremd und förmlich vorkommt. Sie ist der Idee der Mitmenschlichkeit aber nicht weniger verbunden als der expressive Individualismus und Pluralismus der modernen Risikogesellschaft.

Himmel (*tian*) hat bei Konfuzius einen religiösen Beiklang, darf aber nicht im christlichen Sinne als Jenseits verstanden werden, auch nicht als Kants »gestirnter Himmel über mir« in seiner unveränderlichen Erhabenheit. Vielmehr steht »Himmel« für eine klimatisch und jahreszeitlich wirkende Kraft, die alles Leben auf der Erde in Bewegung hält und die Entwicklung vorantreibt. Die himmlischen Mächte sind nicht allein für das Gedeihen von Pflanzen und Tieren verantwortlich, sie legitimieren auch die Dynastien und führen die Herrscher zu geistiger Vollendung. Allerdings unterscheidet sich das Gottesgnadentum der europäischen Herrschaftshäuser vom chinesischen Mandat des Himmels, als dieser das Göttliche repräsentiert, aber keinen personalen Gott beherbergt. Darin dem Deismus vergleichbar, bilden Himmel, Erde und Mensch einen Dreiklang natürlicher Potenzen.

Weg (*dao*) ist der Grundbegriff des traditionellen Denkens, der auch im Titel von Laotses Schrift *Tao Te King* steht. Das chinesische Wort Tao geht von der ursprünglichen Bedeutung »Weg« aus, wird aber dann spiritualistisch aufgeladen, so dass je nach Kontext verschiedene Bedeutungen wie »Richtung«, »Sinn« oder »Lebenskraft« möglich sind. An der Verwendung des Begriffs wird herkömmlich die Opposition zwischen Konfuzianismus und Daoismus festgemacht. Während für Laotse der Mensch seine moralische Stärke ohne eigenes Handeln aus der Versenkung in die kosmische Kraft bezieht, ist für Konfuzius der rechte Weg nur im entschlossenen Handeln zu erschließen. Die Ausführungen am Anfang von *Maß und Mitte* legen nahe, dass ein Abweichen vom rechten Weg kein vorübergehender Fehltritt ist, sondern Zeichen für eine dauerhafte moralische Schwäche. In diesem Falle hilft nur ständige Selbsterziehung, die sich auch von Rückfällen nicht abschrecken lässt. Nichts zu überstürzen, sondern einen Schritt nach dem anderen zu tun, und Umsicht und Aufmerksamkeit bei allen Schritten, lautet die Devise. Hier drängt sich der Vergleich mit dem Zen-Buddhismus auf: »Der Weg ist das Ziel«. Wer zu sehr auf das Ziel fixiert ist, vernachlässigt die Ausführung. Konfuzius, für den das Bogenschießen zur Bildung des Edlen gehört, verlangt vom Schützen, der sein Ziel verfehlt, dass er den Fehler bei sich selbst sucht.

Ritus, Sitte (*li*) steht ursprünglich für eine sakral gebundene Opferpraxis im Dienste höherer Mächte. Zwar beklagt Konfuzius die Entleerung der Rituale zur bloßen Äußerlichkeit, doch hält er an ihrer stabilisierenden Wirkung als Vermittlung zwischen kosmischer und sozialer Ordnung fest. Die konfuzianische *li* bedeutet mehr als der aristotelische Begriff von Ethos im Sinne von Gewohnheit, Brauch. *Li* gibt durch den sakralen Charakter dem Verhalten des Edlen eine höhere Weihe, die ihn vor Schwankungen des Lebensgefühls bewahrt. Insgesamt ist der Bezug zum Begriff der Sittlichkeit interessant, den Georg Friedrich Wilhelm Hegel (1770–1831) in seiner *Philosophie des Rechts* entwickelt. In der Verbindung von Moralität und Recht besteht eine gewisse Übereinstimmung, aber der Ursprung des konfuzianischen Begriffs weist in eine andere Richtung: Er liegt im Zeremoniell, das weniger substantiell ist als Hegels Sittlichkeit. Im Festhalten am Rituellen unterscheidet sich Konfuzius auch von Laotse, der das zeremonielle Verhalten als Mangel an Einfühlung in den Ursprung des Seins negativ bewertet.

Mitte (*zhong*) als erstes Wort im Titel ist eine Metapher für einen seelischen Prozess oder ein Verhalten, das nichts mit dem Mittleren, noch weniger mit dem Mittelmäßigen zu tun hat. Im Vergleich mit Aristoteles, der die ethischen Tugenden wie Tapferkeit, Mäßigkeit, Freigebigkeit usw. als Mitte (»Mesotes«) zwischen Extremen beschreibt, die es zu meiden gilt, hat der Begriff bei Konfuzius eine tiefere anthropologische Dimension. Mitte steht gleichsam für das emotionale Zentrum, aus dem heraus der Mensch lebt und das er durch sein Zutun zur Geltung bringen muss. Darin unterscheidet sich der Edle von den sog. kleinen Leuten, die den wechselnden Emotionen nachgeben. In dieser Typologie steckt ein elitäres Bewusstsein, das unserer egalitären Vorstellung vom Menschen nicht mehr entspricht, aber es enthält doch bleibende Einsichten in soziale Differenzierung.

Maß (*yong*) gehört zur Mitte, seine Bedeutung liegt weniger in Mäßigkeit und im Maß halten, sondern verweist auf das Festhalten an einem Maßstab, den es durch ständige Selbstprüfung neu einzustellen gilt, um nicht in Prinzipienreiterei auszuarten. Anthropologisch liegt hier die tiefste Differenz zum Taoismus, für den das innere Zeitbewusstsein den Vorrang vor äußerlichen Verhaltensregeln hat. Die Versenkung in Zeitlichkeit, in der Lebens- und Weltzeit bei Laotse verschmelzen, hat den Taoismus für die existenzphilosophischen Strömungen in Deutschland attraktiv gemacht. Dagegen ist bei Konfuzius das Lernen Mittel der Selbstkultivierung. Die konfuzianische Lernkultur beruht auf Nachahmung und Wiederholung, Denkformen, die in der modernen Pädagogik oft als rückständig gelten, die aber doch für ein festes Wissensfundament sorgen.

Harmonie (*hé*) bedeutet nicht, wie das Wort nahelegt, Vermeiden von Auseinandersetzungen, sondern bezeichnet die Fähigkeit, Differenzen auszuhalten und auch bei widerstreitenden sozialen Interessen Ausgleich zu schaffen. Ob damit das gemeint ist, was wir heute in der Politik als »Kompromissbereitschaft« bezeichnen, bleibt fraglich. Auf den Einzelnen bezogen geht es darum, mit sich selbst in Übereinstimmung zu leben. Die Einmütigkeit von Herz und Geist setzt voraus, dass der Mensch nur das erstrebt, was ihm seinem Stand gemäß zusteht. Hier hat also die hierarchische Ordnung das letzte Wort. Das entspricht zwar nicht unserem Verständnis einer egalitären Gesellschaft, in der jeder die gleichen Rechte und Pflichten hat, ist aber ein starkes soziales Band, das naturgegebene Unterschiede in den menschlichen Fähigkeiten beachtet. Die Berücksichtigung unterschiedlicher Werte und Fähigkeiten der Volksgruppen war eine Strategie des sozialen Zusammenhalts, ohne die der chinesische Staat bei seiner außerordentlichen Expansion wahrscheinlich auseinandergebrochen wäre.

Pietät (*xiao*) und *Loyalität* (*zhong*) stehen für die Beziehungen zwischen Menschen in Familie und Staat. Sie sind im konfuzianischen China hierarchisch geregelt. Fürsorge für die Eltern und Ehrerbietung des Sohnes gegenüber dem Vater sowie des jüngeren Bruders gegenüber dem älteren verbot offene Kritik, da sie zum »Verlust des Gesichts« führen würde. In dieser Konstellation spielen die weiblichen Familienmitglieder eine eher untergeordnete Rolle, von einer Emanzipationsbewegung war im Kaiserreich wenig zu spüren. Die Pflicht zu unbedingter Loyalität der Untergebenen gegenüber dem Kaiser stellt einen Spiegel der Pietät innerhalb der Familie dar. Die Bindung des Staates an die familiären Strukturen hängt mit den Riten zusammen, die im Ahnenkult ihren stärksten Ausdruck gefunden haben. Vor diesem Hintergrund ist der Konflikt der Generationen, insbesondere der zwischen Vater und Sohn, der im Westen seit dem Sturm und Drang die Menschen immer mehr beschäftigte, nicht so stark ins Bewusstsein getreten. Das Zeremonielle verleiht dem Umgang in China noch heute eine gewisse Förmlichkeit, die der westlichen Ungezwungenheit gekünstelt vorkommt.

Menschlichkeit (*ren*) ist ein zentraler Begriff in konfuzianischen Texten, der unterschiedlich übersetzt wird, etwa als Menschenliebe, Wohlwollen, Güte. Das Schriftzeichen setzt sich zusammen aus den Zeichen »Mensch« und »zwei«, woraus der intersubjektive Aspekt ersichtlich wird: »Mitmenschlichkeit« kommt der Bedeutung wohl am nächsten. Menschlichkeit, wie sie im Konfuzianismus verstanden wird, ist nicht identisch mit der westlichen Vorstellung der Würde des Menschen. Auch der Gedanke der Gleichheit und Brüderlichkeit liegt Konfuzius fern. Konfuzianische Menschlichkeit ist im Dienst- und Pflichtethos der Institution Familie fundiert, so dass man sie nur formal mit dem in der europäischen Neuzeit formulierten Humanitätsideal vergleichen kann. Menschlichkeit beinhaltet bei Konfuzius Aufrichtigkeit als wichtigste Voraussetzung anständigen Verhaltens gegenüber anderen, das durchaus auch fordernden Charakter haben kann. Mitleid, gegenseitige Hilfeleistung zählen nicht zu den wesentlichen Elementen der Menschlichkeit, die eher mit Menschenkenntnis und Menschenführung assoziiert wird.

Gegenseitigkeit (*shu*) ist das Prinzip, das der Goldenen Regel zugrunde liegt, die hier und auch in anderen konfuzianischen Schriften formuliert ist. Ein Problem liegt darin, dass gegenseitige Rücksichtnahme ein symmetrisches Verhalten bezeichnet, das mit dem Hierarchiegedanken nur schwer vereinbar ist. Im vorliegenden Text wird neben Gegenseitigkeit Wohlwollen oder Nachsicht als Prinzip der Menschlichkeit genannt, eine Ergänzung, die der hierarchischen Asymmetrie etwas von ihrem Ungleichgewicht nimmt.

Gerechtigkeit (*yi*) gehört zu den geschätzten sozialen Tugenden und steht der Mitmenschlichkeit nahe. Anders als die Legalisten, die auf das positive Recht und die gesetzte Rechtsordnung setzen und durch Strafandrohung die Untertanen vom zivilen Ungehorsam abhalten, setzt Konfuzius auf das Rechtsempfinden und die persönliche Rechtschaffenheit, zu der Aufrichtigkeit, Verlässlichkeit und Opferbereitschaft gehören. Damit ist Konfuzius' Denken mehr naturrechtlich ausgerichtet. In diesem Punkt trifft er sich mit Aristoteles, der Gerechtigkeit und Freundschaft als die dem Menschen von der Natur verliehene Grundlage der Rechtsordnung preist. Allerdings ist der antike Begriff der Gerechtigkeit egalitaristischer als bei Konfuzius. Platon diskutiert im *Staat* das Wesen der Gerechtigkeit in kontroverser Form und lässt schließlich die Frage offen, ob der Gerechte auch glücklich ist. Eine derartige Frage stellt Konfuzius nicht. Der Gerechte ist ursprünglich der gute Herrscher, der Begriff wird aber dann auf alle Würdenträger ausgeweitet. Verteilungsgerechtigkeit bleibt immer an Standesunterschiede gebunden. Das mag der Grund dafür sein, dass im konfuzianischen China die Menschenrechte kein Thema waren.

Regierung (*zhèng*) heißt bei Konfuzius traditionell Königsherrschaft. Andere Regierungsformen kommen nicht in den Blick. Im Zentrum der Ausführungen über die Regierung steht die persönliche Qualität des Herrschers, der das Volk wie seine Kinder erzieht und beschützt. Im Verhältnis von Person und Institution hat die Person den Vorrang. Nur dann, wenn die Institutionen durch die moralische Qualität des Königs und seiner Minister mit Leben erfüllt werden, kann man von einer guten und gerechten Regierung sprechen. Von der Kriegskunst, die in China großes Ansehen genießt, ist in *Maß und Mitte* nicht die Rede. Auch Unabhängigkeitsbestrebungen ethnischer Minderheiten, von denen es im Riesenreich eine große Zahl gab, werden nicht thematisiert. Alle Randvölker betrachtet Konfuzius als Barbaren, die hochkultureller Sozialisierung nicht fähig sind. Diese Typologie ist Sinozentrismus pur, der dem Eurozentrismus vergangener Zeiten in Nichts nachsteht.

Dynastie (*cháo*) dient als Epochen-Bezeichnung, wobei in Untergang und Aufstieg die Kontinuität der Abfolge in den Vordergrund gestellt wurde. Im Begriff der Geschichte blieb der Zufall weitgehend ausgeblendet. Alle Ereignisse wurden als Ausdruck der drei geschichtsbildenden Potenzen, Himmel, Natur und Herrscher, betrachtet. Folgerichtig ist der Historismus des 19. Jahrhunderts in China nicht angekommen. Damit wurde aber auch der historische Relativismus vermieden. Die Überzeugung »historia magister vitae« (»Die Geschichte ist ein Lehrmeister für das Leben«) behielt ungebrochene Geltung. Die konfuzianische Historiographie kennt den Begriff der Revolution nicht. Mao Tse Tungs »Kulturrevolution«, die von 1966 bis 1975 mehrere Millionen Tote gefordert hat, war ein ideologischer Import aus dem Marxismus-Leninismus der Sowjetunion. Sie vermochte trotz des Terrors der »Roten Garden« und der geistigen »Umerziehung« der Funktionäre das Traditionsbewusstsein der Chinesen nicht auszulöschen.

Bestätigung (*zhèng*) ist ein schwer einzuordnender Begriff. Er besagt offenbar, dass der rechte Weg der Regierenden über das intuitive Erfassen der gegenwärtigen Situation hinaus sich an überlieferten Strukturen zu orientieren hat. Eine gewisse Parallele bietet die Philosophie des Pragmatismus, die den Begriff der Überzeugung in den Mittelpunkt stellt. Überzeugung unterscheidet sich von bloßer Meinung darin, dass sie Handlungsbereitschaft impliziert. Charles S. Peirce (1839–1914) führt in seinem Basistext *The Fixation of Belief* (*Die Festlegung einer Überzeugung*) mehrere traditionelle Methoden an, darunter die Methode der Beharrlichkeit und die Methode der Autorität. Obwohl Peirce der Methode der argumentativen Begründung, die sich vom Empfinden löst, den Vorzug gibt, billigt er den traditionellen Methoden durchaus einen relativen Wert zu. Er bewundere von allen Methoden »die der Beharrlichkeit, ihrer Strenge, Einfachheit und Direktheit wegen. Menschen, die ihr folgen, zeichnen sich durch die Entschlossenheit ihres Charakters aus, die bei einer solchen geistigen Regel sehr leicht wird«*. Diese Äußerung von Peirce trifft ziemlich genau die von Konfuzius dem guten Herrscher zugeschriebene Einstellung.

* Ekkehard Martens (Hrsg.), *Philosophie des Pragmatismus*, Stuttgart 2009 (Reclams Universal-Bibliothek, 9799), S. 83.

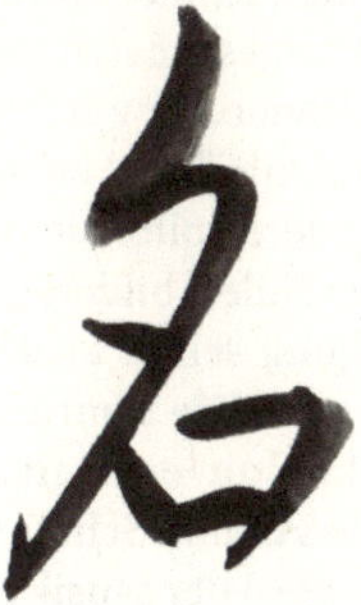

Namen (*ming*) sind für Konfuzius nicht nur Schall und Rauch. Die Namen richtigzustellen ist ein zentrales Thema der *Gespräche*, das in unserem Text nur anklingt, wenn es heißt, dass die Bezeichnungen den Taten und umgekehrt entsprechen müssen. Damit wendet sich Konfuzius gegen sophistische Sprachmanipulationen, die dem Ziel der Meinungsführerschaft und der politischen Machtsicherung dienen. Die richtige Benennung, die den überprüfbaren Tatsachen entspricht, gehört zum rechten Weg der Regierung. Ohne Verankerung der Begriffe in der sozialen Realität bricht laut Konfuzius jede Herrschaft auf Dauer zusammen.

Musik (*yuè*) betrachtete Konfuzius als wichtiges Instrument der Selbstkultivierung zur Teilnahme an kosmischer Harmonie. Insbesondere sollte sie den Charakter des Edlen bilden und der Besänftigung seiner Leidenschaften dienen. Die konfuzianische Musikkultur erinnert an die Rolle, die Arthur Schopenhauer (1788–1860) der Musik zugeschrieben hat: Musik als unmittelbarer Zugang zu den ewigen Ideen hebt den Menschen aus dem Widerstreit unbefriedigter Bedürfnisse heraus. Konfuzius beließ es nicht beim Hören von Instrumentalmusik, sondern übte sich auch im Singen einfacher Lieder. Das dem Meister zugeschriebene Lied *Youlan* (»Einsame Orchidee«) gilt als ältestes erhaltenes Musikstück Chinas. Die Bedeutung der Musik wird unterstrichen durch die vielen Zitate aus dem *Buch der Lieder*. Ritual und Musik gehören zusammen und haben auch sozialpolitische Bedeutung. In der Chou-Dynastie wurde ein eigenes Musikministerium gegründet.

Damit sind längst nicht alle wichtigen Begriffe genannt, doch so viel lässt sich zusammenfassend sagen: Die Schlüsselbegriffe sind zwar selbständig, bilden aber ein eng vernetztes Bedeutungsfeld. Leitend ist dabei der Vorrang der Praxis gegenüber der Theorie. Der Sitz im Leben entscheidet über die Bedeutung eines Begriffs. Anders als in der europäischen Philosophie, in der Wahrheit als oberstes Ziel der Theorie gilt, ist in China Wahrhaftigkeit oder Aufrichtigkeit der zentrale ethische Wert, der das Verhalten im Einklang mit der Tradition regelt. Durch die Vernetzung der Werte fallen im Selbstverständnis der Konfuzianer Mittelpunkt und Peripherie zusammen. In diesem Sinne ist »Reich der Mitte« mehr als eine geographische Bezeichnung. Sie darf als Symbol der Einheit des riesigen Landes mit seinen verschiedenen Völkerschaften gelesen werden. Jedem wird der Platz zuteil, der seinen natürlichen Gaben angemessen ist. Anders als im abendländischen Denken, in dem Handlungsfreiheit als absoluter Wert gilt, ist in China Selbstkultivierung im Rahmen überlieferter Strukturen das höchste Ziel der Persönlichkeit. Eine bessere Zukunft kann nach Ansicht des Konfuzius nur aus der Bewahrung der Tradition erwachsen, nicht aus dem sprunghaften Geist der Utopie. Das macht den tieferen Sinn der Rede vom »ewigen China« aus, in dem die konfuzianischen Werte den Wechsel der Zeiten überdauern.